HARCOURT

Harvard District 50
Bilingual
Dual Language

Ciencias

Harcourt School Publishers

Orlando • Boston • Dallas • Chicago • San Diego

www.harcourtschool.com

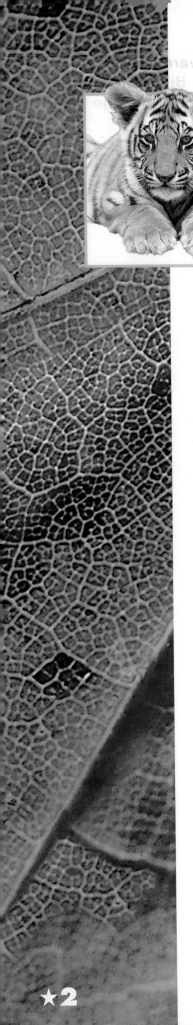

HARCOURT CIENCIAS 2002 Edition
Copyright © 2000 by Harcourt, Inc.

Requests for permission to make copies of any part of the work should be mailed to the following address:

School Permissions, Harcourt, Inc.
6277 Sea Harbor Drive
Orlando, FL 32887-6777

HARCOURT and the Harcourt Logo are trademarks of Harcourt, Inc.

Printed in the United States of America

ISBN 0-15-314804-7

15 16 17 18 1678 2013 2012 2011 2010

Authors

Marjorie Slavick Frank
Former Adjunct Faculty Member at
    Hunter, Brooklyn, and Manhattan
    Colleges
New York, New York

Robert M. Jones
Professor of Education
University of Houston-Clear Lake
Houston, Texas

Gerald H. Krockover
Professor of Earth and Atmospheric
    Science Education
School Mathematics and Science
    Center
Purdue University
West Lafayette, Indiana

Mozell P. Lang
Science Education Consultant
Michigan Department of Education
Lansing, Michigan

Joyce C. McLeod
Visiting Professor
Rollins College
Winter Park, Florida

Carol J. Valenta
Vice President—Education, Exhibits,
    and Programs
St. Louis Science Center
St. Louis, Missouri

Barry A. Van Deman
Science Program Director
Arlington, Virginia

Ciencias biológicas

Los seres vivos crecen y cambian

UNIDAD B

Ciencias biológicas

Los hogares de los seres vivos

Explorar la superficie de la Tierra

UNIDAD D

Ciencias de la Tierra

El espacio y el clima

UNIDAD E

Ciencias físicas

Explorar la materia

Ciencias físicas

La energía en movimiento

Uso de las destrezas de ciencias

Observar

Usa tus cinco sentidos para aprender.

Comparar

Di en qué se parecen y en qué se diferencian las cosas.

Secuencia

Coloca las cosas en orden de tiempo para mostrar los cambios.

Clasificar

Ordena los objetos en grupos para mostrar en qué se parecen.

Inferir

Usa lo que sabes para formular una buena suposición del por qué suceden las cosas.

Recopilar información

Usa computadoras, libros y lo que observas.

Planear

Decide paso por paso cómo investigar tus ideas.

Hacer modelos

Haz algo para mostrar cómo es algo y cómo funciona.

Medir

Usa instrumentos para hallar la distancia y cantidad.

Predecir

Usa lo que sabes para formular una buena suposición sobre lo que sucederá.

Sacar conclusiones

Usa toda la información que has recopilado
para tomar decisiones.

Comunicar

Comparte lo que sabes
diciéndoles o mostrándoles
a otros.

Seguridad en las ciencias

Anticipa.

Sé ordenado.

Sé cuidadoso.

No comas o bebas cosas.

Símbolos de seguridad

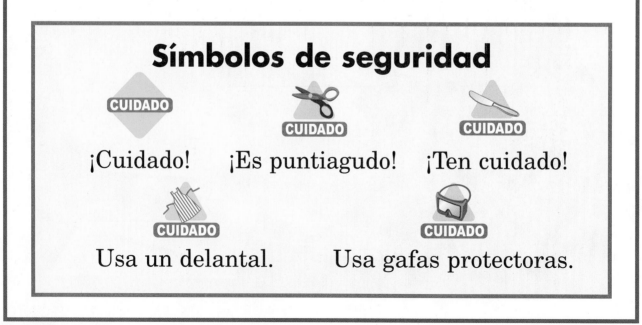

CUIDADO

¡Cuidado!

CUIDADO

¡Es puntiagudo!

CUIDADO

¡Ten cuidado!

CUIDADO

Usa un delantal.

CUIDADO

Usa gafas protectoras.

Los seres vivos crecen y cambian

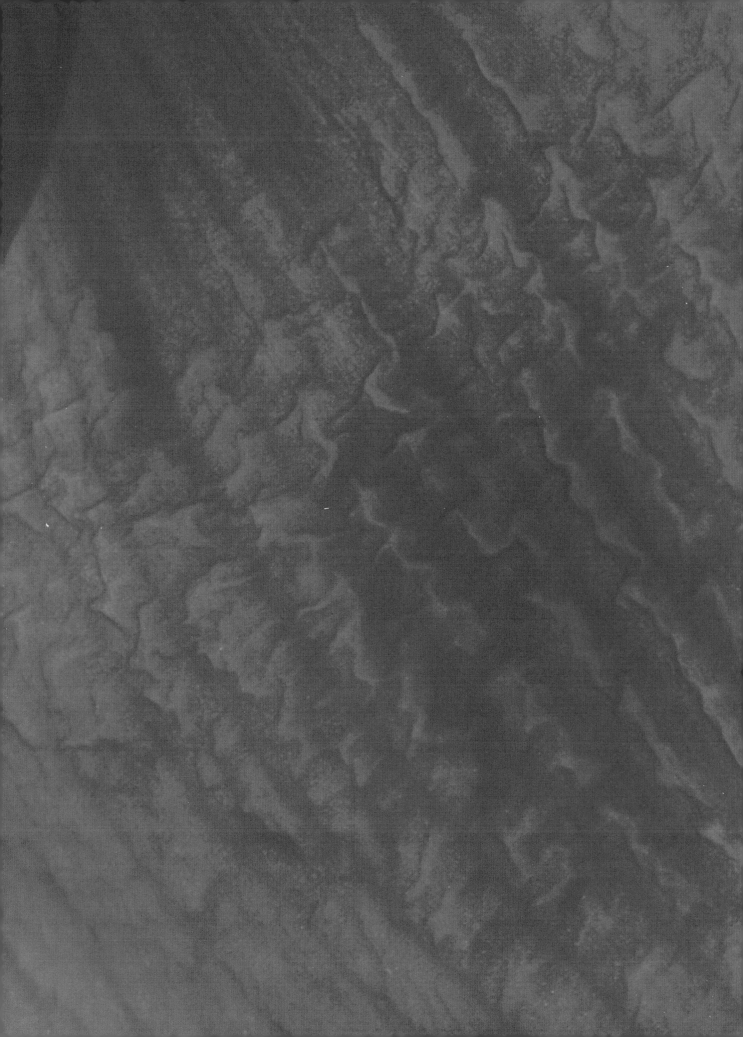

Ciencias biológicas

Los seres vivos crecen y cambian

PROYECTO DE LA UNIDAD

Libros de imágenes

Haz un libro de imágenes.
Muestra cómo crecen las semillas
o los animales.

Las plantas crecen y cambian

Vocabulario

vivo

no vivo

nutrientes

tegumento

germinar

plántula

cacto

¿Lo sabías?

El árbol secoya es el ser **vivo** más alto en Estados Unidos.

¿Lo sabías?

La parte de las palomitas de maíz que se queda entre tus dientes es el **tegumento**.

¿Qué son los seres vivos y los seres no vivos?

Seres vivos y seres no vivos

Materiales

tarjetas

papel y lápiz

¿Qué soy?	
vivos	No vivos

1 Haz una tabla como la de arriba.

2 Mira cada tarjeta. ¿Muestra un ser vivo o un ser no vivo?

3 Anota en tu tabla.

4 Compara los seres de las dos listas.

Destrezas de ciencias

Cuando comparas seres, tú observas en qué se parecen y en qué se diferencian.

A4

Seres vivos y no vivos

El mundo está formado por seres vivos y seres no vivos. Todos los seres **vivos** crecen y cambian. Necesitan alimento, agua y aire. Los seres **no vivos** no tienen vida. No necesitan ni alimento, ni agua ni aire.

seres no vivos

seres vivos

Los seres vivos crecen y cambian

Un árbol y un pollito son seres vivos. Ellos provienen de otros seres vivos. Como todos los seres vivos, ellos necesitan alimento, aire y agua. Como todos los seres vivos, ellos crecen y cambian.

■ ¿Cómo crees que cambiará el pollito?

Los seres vivos necesitan de los seres no vivos

El aire, el agua y la luz son seres no vivos. No crecen. No necesitan alimento.

Los seres vivos necesitan de las cosas no vivas. Las plantas necesitan aire, agua y luz para crecer. Las personas y los animales necesitan aire, alimento y agua para vivir.

- ¿Qué cosa no viva está bebiendo esta niña?

Piénsalo

1. ¿Cuáles son tres maneras en que se parecen los seres vivos?
2. ¿Cómo usan los seres vivos a los seres no vivos?

¿Cómo crecen y cambian las plantas?

Lo que las plantas necesitan

Materiales

dos plantas

un vaso con agua

papel y lápiz

Lo que le ocurre a la planta	
Planta con agua	Planta sin agua

 1 Haz una tabla como la de arriba.

2 Pon las dos plantas en un lugar soleado. Ponle agua a la tierra de una sola planta. Predice lo que sucederá.

3 Observa las dos plantas cada día. Escribe la fecha. Anota cualquier cambio.

Destrezas de ciencias

Cuando observas las plantas, usas tus sentidos de la vista, el tacto, el olfato y el oído.

Lo que hacen las partes de una planta

Una planta necesita luz, aire y agua para crecer. También necesita **nutrientes** o minerales del suelo. Cada una de las partes de una planta la ayuda a obtener lo que necesita. Cuando una planta tiene lo que necesita puede crecer y cambiar.

Las flores producen semillas.

Las hojas usan luz, aire, agua y nutrientes para producir los alimentos para la planta.

Los tallos sostienen la planta y transportan el agua y los nutrientes.

Las raíces absorben el agua y los nutrientes del suelo.

Cómo crecen las plantas de las semillas

Las semillas tienen diferentes partes. La mayoría de las semillas tiene una cubierta que las protege llamada **tegumento**. La semilla está formada por alimento almacenado y por una planta pequeña. La planta pequeña usa el alimento almacenado cuando comienza a crecer.

Cuando una semilla obtiene agua y calor, puede **germinar**, es decir, que comienza a crecer. Primero, las raíces crecen hacia abajo. Después, el tallo crece hacia arriba. La planta pequeña se llama **plántula**.

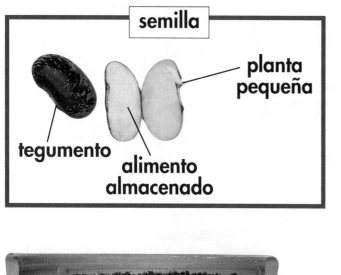

semilla

planta pequeña

tegumento

alimento almacenado

plántula, 4 días

plántula, 15 días

La plántula cambia a medida que crece. Le van saliendo más hojas y ramas. El tallo crece más alto y se hace más grueso. Cuando la planta termina de crecer, sus flores producen semillas y entonces, el patrón de crecimiento y cambio comienza otra vez.

plántula, 45 días

planta adulta con semillas

Las plantas pueden cambiar

Si las plantas no obtienen lo que necesitan, no pueden crecer. La lluvia, la luz solar y hasta los insectos de un lugar pueden hacer que las plantas cambien. Si no llueve en un terreno durante mucho tiempo, las plantas que allí viven no obtendrán el agua que necesitan.

■ ¿Cómo sabes que estas plantas no obtuvieron el agua que necesitaban?

Todos los lados de una planta necesitan recibir luz. Si un solo lado recibe luz, las ramas y las hojas crecerán hacia donde está la luz. Esto ayuda a que la planta obtenga la luz que necesita para fabricar su alimento y crecer.

■ **¿Por qué esta planta crece hacia donde está la luz?**

Los insectos se pueden comer las hojas de una planta. Sin hojas, la planta no puede fabricar el alimento que necesita y se puede morir.

Piénsalo

1. ¿Qué pasa cuando germina una semilla?

2. ¿En qué formas pueden cambiar las plantas?

¿En qué se parecen y se diferencian las plantas?

Investigación

Cómo se clasifican las hojas

Materiales

hojas

tarjetas y lápiz

1 Observa las hojas. Busca en qué se parecen.

2 Clasifica las hojas en grupos. Deberían haber semejanzas entre las hojas de cada grupo.

3 En una etiqueta para cada grupo, escribe en qué se parecen las hojas. Habla sobre las hojas del área donde vives.

Destrezas de ciencias

Cuando clasificas cosas, las separas en grupos que muestran en qué se parecen.

Las plantas en lugares diferentes

Las plantas viven en casi cualquier parte del mundo. Diferentes tipos de plantas crecen en lugares diferentes.

bosque de pinos

bosque de robles

desierto

A15

En qué se diferencian las plantas

Las hojas de un pino parecen unas agujas. Sus semillas pequeñas y duras crecen en conos. La capa externa de los conos protege las semillas hasta que estén listas para germinar.

Las hojas del roble son anchas y planas. Los robles provienen de semillas llamadas bellotas.

cono

semillas de pino

■ ¿En qué se diferencia una bellota de un cono?

bellotas

flor de cacto

Un **cacto** puede almacenar agua en sus tallos gruesos. Sus hojas son espinas afiladas. Las espinas protegen los tallos de los animales que pudieran comérselos.

Los cactos también florecen. Al igual que todas las flores, las flores de los cactos se convierten en frutos. Las semillas de los cactos se encuentran dentro de los frutos.

Piénsalo

1. ¿Cuáles son algunos lugares donde viven las plantas?
2. ¿En qué se parecen y en qué se diferencian las plantas de diferentes lugares?

Matemáticas

¿Cuántas semillas brotan?

Cientos de nueces crecen en este nogal. De cada nuez podría crecer un nuevo árbol. La mayoría de las nueces no germina. Algunas se las comerán los animales. Otras no obtendrán las cosas que necesitan para crecer.

Piensa y practica

Cuenta y anota el número de semillas que tiene una naranja. Luego siembra las semillas. Asegúrate de que tengan agua y calor. Cuenta y anota el número de semillas que germinaron y crecieron. Escribe un problema de resta para indicar cuántas semillas no crecieron.

Jim Arnosky, escritor y artista de la naturaleza

Primero, Jim Arnosky trabajó como naturalista. Un naturalista estudia las plantas y los animales silvestres. Ahora, él escribe e ilustra libros infantiles. En algunos de sus libros, el personaje Crinkleroot ayuda a los niños a aprender sobre los seres vivos de la naturaleza.

Piensa y practica

Dibuja tu propio personaje. Úsalo en una historia sobre los seres vivos. Comparte tu historia.

Di lo que sabes

1. ¿En qué se parecen y se diferencian estas plantas?

2. ¿En qué se diferencian estas plantas de los seres no vivos?

3. ¿Cómo crecieron estas plantas de las semillas?

Vocabulario

Nombra la palabra que completa la oración.

plántula	germinar	nutrientes
ser vivo		ser no vivo

4. Las plantas necesitan agua y calor para _____ .

5. Un _____ no necesita ni alimento, ni agua, ni aire.

6. Una _____ es una planta joven.

7. Las plantas necesitan _____ o minerales del suelo.

8. Un _____ crece y cambia.

Uso de las destrezas de ciencias

9. **Observar y comparar** Haz una tabla como ésta, para anotar lo que observes sobre las semillas. Pega en la tabla las semillas de diferentes plantas. Indica qué planta viene de cada semilla. Escribe tus observaciones en la tabla. Compara tus observaciones con las de un compañero.

Lo que observo sobre las semillas		
Semilla	Planta	Observaciones

10. **Clasificar** Divide cosas que están en tu salón de clases en grupos de seres vivos y seres no vivos. Haz una lista de las cosas de cada grupo. Di por qué pusiste cada cosa en cada grupo.

Los animales crecen y cambian

Vocabulario

mamífero

reptil

anfibio

insecto

ciclo de vida

¿Lo sabías?

El **mamífero** más grande del mundo es la ballena azul.

¿Lo sabías?

El caballo de palo es el **insecto** más largo del mundo. Mide 13 pulgadas de largo.

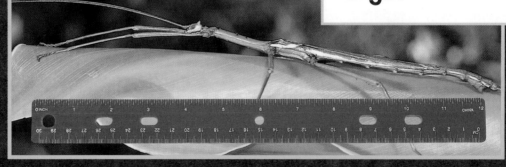

¿En qué se parecen y se diferencian los animales?

Formas de agrupar a los animales

Materiales

tarjetas
de animales

tarjetas y lápiz

1 Observa los animales para que veas en qué se parecen y en qué se diferencian.

2 Clasifica los animales en grupos. Todos los animales de un grupo se deberían parecer en algo.

3 Para cada grupo, escribe en una etiqueta en qué se parecen los animales.

Destrezas de ciencias

Cuando **clasificas** animales, los colocas en grupos. Los grupos muestran en qué se parecen.

Muchos tipos de animales

Algunos animales tienen pelaje. Otros tienen plumas o escamas. Algunos animales usan partes especiales de su cuerpo para volar, nadar o caminar.

jirafa

grillo

caimán

frailecillo

pez payaso

A25

Animales con huesos

Los animales se pueden agrupar según las partes de su cuerpo. Los cuerpos de todos los animales de estas dos páginas tienen huesos en su interior. Ellos tienen otras partes del cuerpo que los hacen diferentes.

gato

Los gatos y los perros son mamíferos. Un **mamífero** es un animal que tiene pelaje o pelo. La madre produce leche y amamanta a sus crías.

Las aves tienen plumas para proteger sus cuerpos. También tienen alas. La mayoría de las aves usan sus alas para volar.

azulejo

camaleón

Las lagartijas, las serpientes y las tortugas son reptiles. Un **reptil** es un animal que está cubierto de escamas. Su piel es áspera y seca.

Los sapos y las ranas son anfibios. A menudo, un **anfibio** tiene la piel suave y húmeda. Su piel le ayuda a vivir tanto en el agua como en la tierra.

Todos los peces viven en el agua. Un pez usa sus aletas para nadar y sus branquias para respirar.

■ ¿Qué te indica que estos animales no son mamíferos?

rana

pez

A27

Animales sin huesos

Los animales que se encuentran en estas dos páginas no tienen huesos. Ellos tienen otras partes del cuerpo que los hacen diferentes.

Las mántises religiosas, las hormigas y las abejas son insectos. Un **insecto** es un animal cuyo cuerpo tiene tres partes y seis patas. Muchos insectos también tienen cuatro alas. Las arañas no son insectos. Ellas tienen ocho patas.

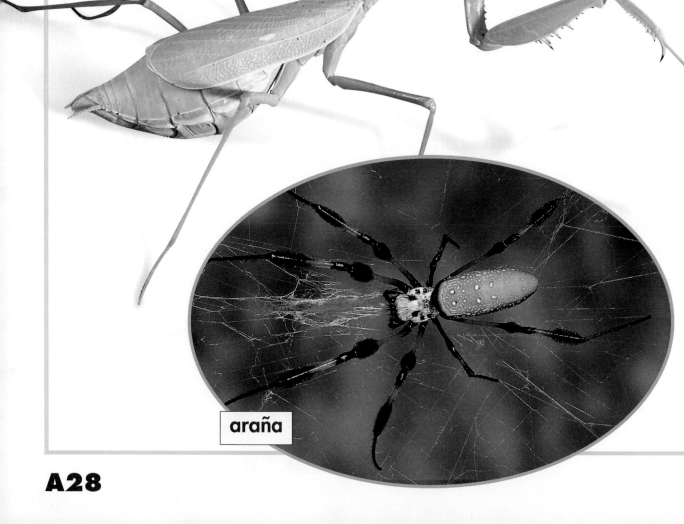

mantis

araña

Las lombrices tienen cuerpos blandos y no usan patas para caminar. Por eso, las lombrices usan sus cuerpos para arrastrarse.

Igual que la lombriz, el caracol tiene un cuerpo blando que usa para moverse. Puede tener también un caparazón duro para protegerse.

caracol

lombriz de tierra

■ ¿En qué se parecen y se diferencian la lombriz y el caracol?

Piénsalo

1. ¿En qué se parecen los animales? ¿En qué se diferencian?
2. ¿Cómo se pueden agrupar los animales según las partes de su cuerpo?

A29

¿Cuáles son algunos ciclos de vida de los animales?

Investigación

Cómo crecen y cambian los gusanos de la harina

Materiales

gusanos de la harina

recipiente para los gusanos de la harina

tapa de botella con agua

lupa

1 Alimenta tus gusanos de la harina. Dales agua todos los días.

2 Observa los gusanos de la harina cada día con la lupa.

3 Dibuja lo que observas cada día. Anota la fecha y escribe una oración sobre los cambios que veas.

Destrezas de ciencias
Puedes usar una lupa para que te ayude a observar detalles.

Aprende

Cómo crecen y cambian los animales

Estos gansitos y el cachorro de león son todavía jóvenes. Ellos seguirán creciendo y cambiando. Ellos crecerán y se parecerán a sus padres. Todas las etapas de la vida de un animal, desde que nace hasta que muere, forman su **ciclo de vida**.

gansos de Canadá

gansitos

leones africanos

cachorro

A31

Cómo las aves crecen y cambian

Las aves ponen huevos. Primero un ave madre pone sus huevos en un nido. Luego la madre o el padre se sienta sobre los huevos para mantenerlos calientes.

huevos en el nido

Una cría crece dentro del huevo hasta que se hace muy grande. Entonces, la cría rompe el cascarón y sale de él.

Mientras las crías crecen y cambian, les van saliendo plumas nuevas. Ellas crecerán y se parecerán a sus padres.

Ciclo de vida de un Petirrojo

ave adulta

La mayoría de las aves cuidan a sus crías. Los padres las alimentan y las protegen hasta que puedan cuidarse solas. Pronto, después que las aves crezcan, ellas podrán tener sus propias crías.

crías apenas saliendo del cascarón

crías casi listas para volar

A33

Cómo crecen y cambian los mamíferos

Todos los mamíferos comienzan a crecer dentro del cuerpo de su madre. Aquí, la mamá gata tiene gatitos que están creciendo dentro de ella. Cuando los gatitos crezcan lo suficiente, entonces nacerán.

Ciclo de vida de un gato

gatito de unas tres semanas de nacido

gatito recién nacido

gatito de unos seis meses

gato adulto

Como todos los mamíferos jóvenes, estos gatitos toman la leche de su madre. La leche ayuda a los gatitos a crecer más y hacerse más fuertes. Cuando tengan un año, ya habrán terminado de crecer.

■ **¿En qué se parecen los gatitos a su mamá? ¿En qué se diferencian?**

Piénsalo

1. ¿Cómo cambian los animales mientras crecen y se hacen adultos?
2. ¿A qué se parecen los animales cuando crecen?

Veterinario

Un veterinario es un médico que cuida animales. Esta gata va a tener gatitos. ¿Por qué crees que la veterinaria la está examinando?

Matemáticas

Medir huevos grandes y pequeños

El avestruz pone los huevos más grandes. El colibrí pone los huevos más pequeños. Compara los tamaños de los huevos con el tamaño de un huevo de gallina.

huevo de avestruz

huevo de gallina

huevo de colibrí

Piensa y practica

Las fotos muestran el tamaño real de los huevos de diferentes aves. Usa una regla para medir la ilustración de cada huevo. Haz una tabla y anota los tipos de huevos en orden del más grande al más pequeño. Al lado de cada nombre, escribe su tamaño.

Las mascotas en tu vecindario

Las personas tienen diferentes tipos de animales como mascotas. En muchos vecindarios, las personas tienen perros y gatos. Los perros y gatos son mamíferos. Algunas personas tienen reptiles, peces y aves.

Piensa y practica

Habla con tus compañeros o vecinos que tienen mascotas. Piensa en el grupo de animales al cual pertenece cada mascota. Muestra tus hallazgos en una gráfica de barras. Usa la gráfica para hablar del grupo de animales al cual pertenece la mayoría de las mascotas.

Mascotas

mamíferos	✓	✓	✓	✓	
aves	✓	✓			
reptiles	✓				
anfibios	✓				
peces	✓	✓			

A37

 **REPASO**

Di lo que sabes

1. ¿En qué se parecen estos animales?

2. ¿En qué se diferencian estos animales?

3. ¿Cuál es el ciclo de vida de cada animal?

Vocabulario

Nombra la palabra que completa la oración.

| anfibio | reptil | mamífero |
| insecto | | ciclo de vida |

4. Un _____ tiene seis patas.

5. Un _____ tiene escamas que son ásperas y secas.

6. Un _____ tiene pelaje o pelo.

7. Un _____ es la manera en que un animal crece y cambia.

8. Un _____ tiene la piel suave y húmeda.

Uso de las destrezas de ciencias

9. **Clasificar** Da un paseo por fuera con tu clase. Busca diferentes tipos de animales. Escribe el nombre de cada uno que veas. ¿A qué grupo de animales pertenece? Escribe el nombre del grupo al lado del nombre del animal. Luego dile a un compañero por qué sabes a cual grupo pertenece cada uno.

Animal	Tipo
petirrojo	ave
ardilla	mamífero
abeja	insecto

10. **Observar** Estas ilustraciones muestran el ciclo de vida de una mariposa. Observa los cambios de una ilustración a la otra. Piensa en lo que sabes de los ciclos de vida del animal. Luego usa estas ilustraciones para describir lo que pasa en el ciclo de vida de una mariposa.

Las personas crecen y cambian

Vocabulario

dientes
permanentes

esqueleto

músculos

corazón

pulmones

ritmo cardíaco

digerir

saliva

estómago

¿Lo sabías?
Tu **corazón** late
más de 66 veces
por minuto.

¿Lo sabías?

Se necesitan 43 **músculos** para fruncir el ceño, pero sólo 17 músculos para sonreír.

¿Cómo creceré?

Cómo crecen y cambian las manos

Materiales

papel y lápiz

1 Dibuja tu mano en el lado izquierdo de tu hoja de papel.

2 Predice cómo será tu mano cuando crezcas. Dibújala.

3 Compara las dos manos. Indica en qué se parecen y en qué se diferencian.

Destrezas de ciencias

Cuando predices, usas lo que sabes para adivinar lo que pasará.

Cómo crece y cambia tu cuerpo

Tu cuerpo crece y cambia de muchas maneras. Te haces más grande y más alto. Te haces más fuerte y más pesado. ¿Cómo ha crecido y cambiado el niño que se muestra en estas ilustraciones?

Joey, a los 8 años

Joey, a los 4 años

Joey, a los 4 meses

A43

Todas las personas crecen y cambian

Todas las personas crecen y cambian. Tú estás creciendo y cambiando. Primero, eras un bebé. Ahora, eres un niño. Más tarde, serás un adolescente. Después, te convertirás en un adulto.

■ **Predice cómo crecerán y cambiarán los tres niños de esta familia.**

hijo
15 años

hija
7 años

hijo
8 meses

Cuando seas un adulto pasarás por otros cambios.
Mientras te haces más viejo, tu cabello se puede
volver gris o blanco. Le saldrán arrugas a tu piel.

madre
37 años

padre
42 años

abuela
65 años

Otros aspectos de crecer

Crecer es algo más que hacerse más grande. También ocurren otros cambios. Cuando eras un bebé, te salieron tus primeros dientes. Ahora, estás mudando esos dientes. Los dientes nuevos de adulto, llamados **dientes permanentes**, te están saliendo para tomar el lugar de los otros dientes.

Otra manera de crecer y cambiar es aprender. Cuando aprendes cosas nuevas, cambias.

Algunas de las cosas que aprendes te pueden ayudar también a hacer ejercicios. Los ejercicios como el baile ayudan a tu cuerpo a hacerse más fuerte y mantenerse saludable.

■ **¿Cómo ayuda esta niña a su cuerpo? ¿Qué está aprendiendo?**

Piénsalo

1. ¿Cómo crecen y cambian las personas?
2. ¿Cómo puedes ayudarte a ti mismo a crecer y a cambiar?

¿Qué hacen mis huesos y músculos?

Cómo funciona tu codo

Materiales

un globo

cinta adhesiva

3 elásticos

2 tubos de toallas de papel, cada uno con un agujero

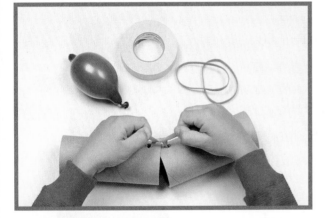

1 Haz un modelo de un codo. Ata los extremos del tubo con un elástico. Pega el elástico con la cinta adhesiva para que no se mueva.

2 Ata cada extremo del globo al tubo, como se muestra arriba.

3 Abre y cierra los tubos. Explica en qué se parece este modelo al de tu codo.

Destrezas de ciencias

Un modelo de un objeto puede mostrar cómo funciona el objeto real.

A48

Tus huesos y músculos

Debajo de tu piel hay cientos de huesos y músculos. Tus huesos y músculos trabajan juntos. Ellos te ayudan a sentarte, pararte, caminar, correr y a moverte de muchas maneras.

músculos

huesos

A49

Lo que hacen tus huesos

Tus huesos se unen para formar tu **esqueleto**. Tu esqueleto sostiene tu cuerpo y le da forma.

Algunos huesos te ayudan a moverte. Otros huesos protegen algunas partes que están dentro de tu cuerpo. Tus costillas protegen tu corazón y tus pulmones. Tu cráneo protege tu cerebro.

■ ¿Qué huesos te ayudan a moverte?

huesos del brazo

huesos de la mano

cráneo

costillas

columna vertebral

huesos de la cadera

huesos de la pierna

huesos del pie

Lo que hacen tus músculos

Tus **músculos** son partes del cuerpo que trabajan para mover tus huesos y hacer otros trabajos. Tu corazón es un músculo que bombea la sangre por todo tu cuerpo.

músculos del brazo

músculos del hombro

músculos del estómago

músculos del tórax

músculos de la pierna

■ ¿Qué músculos está usando el niño para moverse?

A51

Tus huesos y músculos trabajan juntos

Para mover tus huesos, los músculos trabajan en pareja. Un músculo hala el hueso para moverlo hacia adelante y luego otro músculo lo hala para moverlo hacia atrás.

■ ¿Cómo mueven los músculos de este niño a los huesos de su pierna?

Mantener los huesos y músculos saludables

Tú puedes mantener tus huesos y músculos fuertes y saludables. El ejercicio diario ayuda a tus huesos y músculos a mantenerse fuertes. Comer alimentos saludables los mantiene en buen estado.

■ ¿Cómo estos niños mantienen sus huesos y músculos fuertes y saludables?

Piénsalo

1. ¿Cómo trabajan juntos tus huesos y músculos?
2. ¿Cómo puedes mantener tus huesos y músculos fuertes y saludables?

¿Cómo trabajan mi corazón y mis pulmones?

Investigación

Un latido del corazón

Materiales

un vaso de
papel sin fondo

1 Trabaja en pareja. Tu
compañero usará el vaso para
oír los latidos de tu corazón.

2 Salta mientras tu compañero
cuenta hasta 10.

3 Tu compañero observará de nuevo
los latidos de tu corazón. ¿Late más
rápidamente o más despacio?
Cambia de lugar con tu compañero.

Destrezas de ciencias

Mientras observas
puedes usar
instrumentos además
de tus sentidos.

Tu corazón y tus pulmones

Tu corazón y pulmones
ayudan a mantenerte vivo.
Tu **corazón** es un
músculo que bombea sangre
a cada parte de tu cuerpo.
Tus **pulmones** son
partes del cuerpo
que te ayudan a
respirar el aire que
necesitas para vivir.

■ ¿Cómo puedes
explicar que tu
corazón y pulmones
trabajan más duro
cuando haces ejerci-
cios?

Cómo funciona tu corazón

Tu corazón es como del tamaño de tu puño. Cada vez que tu corazón late, bombea sangre a todas las partes de tu cuerpo.

Tu **ritmo cardíaco** es la velocidad con que late tu corazón. Cuando haces ejercicio, tu corazón late más rápidamente. Tu ritmo cardíaco es más rápido. Cuando descansas, tu ritmo cardíaco es más lento.

■ ¿En qué parte de tu cuerpo está tu corazón?

Cómo funcionan tus pulmones

Tú tienes dos pulmones dentro de tu pecho. Cuando respiras, el aire entra y sale de tus pulmones. Cuando aspiras, el aire pasa a tus pulmones a través de un tubo. Tus pulmones se llenan de aire y se hacen más grandes. Cuando expiras el aire, el aire sale de tus pulmones.

■ Compara la parte interna y la parte externa de un pulmón. ¿En qué se diferencian?

Tu corazón y tus pulmones trabajan juntos

Tu corazón y tus pulmones trabajan juntos para obtener el oxígeno que tu cuerpo necesita. Tu corazón bombea la sangre a tus pulmones primero. Tus pulmones absorben el oxígeno del aire que respiras. La sangre absorbe el oxígeno y se lo devuelve a tu corazón. Luego, tu corazón bombea la sangre a todas las partes de tu cuerpo.

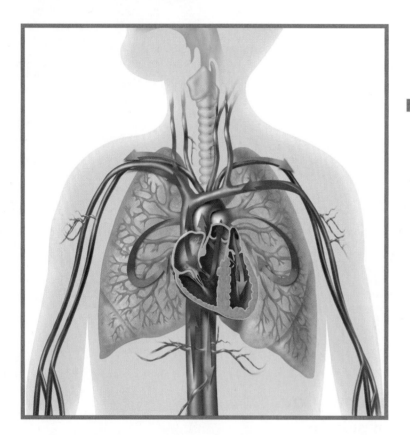

■ ¿Cómo llega la sangre a tus pulmones? ¿Dónde va después de eso?

Cuando la sangre regresa a tu corazón, la bombea a tus pulmones otra vez, para más oxígeno.

■ ¿Cómo este niño mantiene saludables su corazón y sus pulmones?

Mantener saludables a tu corazón y tus pulmones

Es importante mantener saludables a tu corazón y tus pulmones. El ejercicio ayuda a tu corazón y a tus pulmones, así como a tus huesos y músculos. Cuando haces ejercicio, tu corazón y tus pulmones trabajan más duro y se hacen más fuertes.

Piénsalo

1. ¿Cómo trabajan juntos tu corazón y pulmones?

2. ¿Cómo puedes mantener saludables a tu corazón y tus pulmones?

¿Cómo digiero los alimentos?

Cómo comienza la digestión

Materiales

una galleta

un espejo

papel y lápiz

1 Observa la galleta. Dibújala.

2 Coloca la galleta en tu boca. No la mastiques. Cuenta despacio hasta 20.

3 Piensa cómo se debe sentir la galleta. Usa el espejo para observarla.

4 Dibuja lo que viste. Di lo que crees que sucede.

Destrezas de ciencias
Puedes usar un espejo para observar.

Aprende

Cómo tu cuerpo digiere los alimentos

Los alimentos saludables tienen la energía y los nutrientes que tu cuerpo necesita para crecer y mantenerse saludable. Para obtener la energía y los nutrientes, tu cuerpo debe **digerir** o descomponer los alimentos.

boca

tubo hacia el estómago

estómago

intestino delgado

intestino grueso

A61

Cómo tu cuerpo digiere los alimentos

Tu cuerpo comienza a digerir los alimentos en tu boca. Cuando masticas tus alimentos, se mezclan con la saliva. La **saliva** es el líquido en tu boca que comienza a descomponer los alimentos.

Cuando tragas los alimentos masticados, bajan por un tubo. Los músculos del tubo empujan los alimentos hacia tu estómago.

boca

tubo hacia el estómago

■ ¿Dónde comienza tu cuerpo a digerir los alimentos?

Tu **estómago** es como una bolsa compuesta de músculos. Los músculos exprimen los alimentos y los mezclan con jugos especiales. Los alimentos se convierten en un líquido espeso.

Los alimentos líquidos se mueven a tu intestino delgado. Desde ahí los nutrientes de los alimentos pasan a la sangre. La sangre transporta los nutrientes a todas las partes de tu cuerpo. Las partes de los alimentos que tu cuerpo no necesita, pasan al intestino grueso.

boca

tubo hacia el estómago

estómago

intestino delgado

intestino grueso

Comer alimentos sanos

Los alimentos sanos te mantienen saludable. Ayudan a tu cuerpo a crecer y te dan energía. Comer un solo tipo de alimento no le dará a tu cuerpo todo lo que éste necesita. Deberías comer diferentes tipos de alimentos cada día.

La guía de la pirámide alimenticia te puede ayudar a seleccionar alimentos sanos. Necesitas alimentos de cada grupo. Los alimentos que más deberías comer se encuentran en la parte inferior. Los alimentos que menos deberías comer se encuentran en la parte superior.

■ ¿Cuáles son los alimentos sanos que el niño y su madre están comiendo?

grasas; aceites; dulces

leche; yogur; queso

carne; pollo; pescado; frijoles; huevos; nueces

vegetales

frutas

pan; cereal; arroz; pasta

Piénsalo

1. ¿Cómo digiere tu cuerpo los alimentos?
2. ¿Cuáles son algunos alimentos sanos?

Matemáticas

¿Cuántos huesos hay en la mano?

Tu muñeca, palma y dedos son todos parte de tu mano. Cada parte tiene muchos huesos. Los puedes ver en esta foto. Existen 8 huesos en tu muñeca y 5 huesos en tu palma. Hay 14 huesos en tus dedos.

rayos X de la mano

Piensa y practica

Traza tu mano. Después dibuja los huesos. Escribe un problema de suma para mostrar cuántos huesos hay en total.

Un enfermero de la escuela se comunica con los estudiantes

Los enfermeros de las escuelas y los asistentes de la salud ayudan a mantenerte saludable. Este enfermero chequea que este niño está creciendo bien. Una enfermera también chequea el peso y la estatura. Él o ella pueden cuidarte cuando estás enfermo.

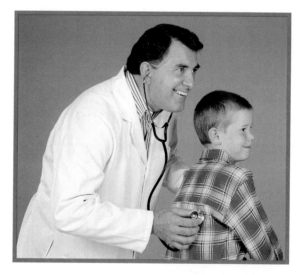

Piensa y practica

Escribe algunas preguntas que le quieras hacer a la enfermera de la escuela acerca de mantenerte saludable. Invita a la enfermera de tu escuela o al asistente de salud a que visite tu clase. Logra que responda a tus preguntas.

Di lo que sabes

1. Usa las ilustraciones para explicar cómo las personas crecen y cambian.

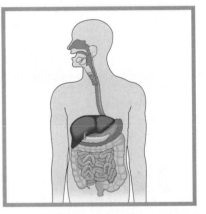

Vocabulario

Usa los términos que están en los recuadros para explicar cada ilustración.

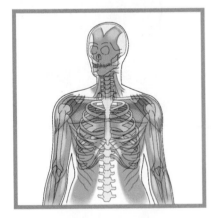

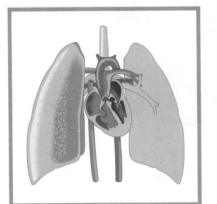

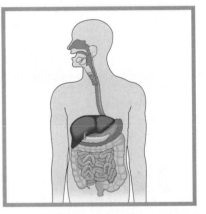

2. dientes permanentes

esqueleto

músculos

3. corazón

ritmo cardíaco

pulmones

4. digerir

saliva

estómago

Uso de las destrezas de ciencias

5. Observar Observa durante 2 días lo que haces para mantenerte saludable. Haz una lista de tus observaciones. Luego, utiliza tu lista para hablar acerca de cómo te ayudas a mantenerte sano.

6. Comparar Mira una foto tuya cuando eras un bebé. Luego, haz un cuadro como éste. ¿En qué te pareces y en qué te diferencias ahora?

Yo		
	cuando era bebé	ahora
color del cabello		
color de los ojos		
dientes		
otros aspectos		

Siembra una batata

1. Clava palillos de dientes en una batata. Colócala en un frasco con agua.

2. Coloca el frasco en un lugar soleado.

3. Observa la batata durante un mes.

4. Haz dibujos para mostrar como la batata crece y cambia.

Busca un animal

1. Busca fotos de animales en revistas o en libros.

2. Haz una lista de los nombres de los animales.

3. Agrupa los animales. Haz un cuadro para mostrar los grupos y di cuántos encontraste de cada tipo.

4. Comparte tu tabla y tu lista con tus compañeros de clase.

Animales
petirrojo
gorrión
rana
perro
pastor
perro
de lanas

Grupo de Animales	Cuántos
peces	
reptiles	
anfibios	
aves	//
mamíferos	

Mide el largo de tus zapatos

1. Traza tu zapato y el zapato de un adulto.

2. Mide el largo de cada uno de los dibujos. Anota las dos medidas.

3. Resta las medidas para saber la diferencia entre las dos.

4. Infiere lo que le sucede a los pies de los niños con el tiempo.

Observa una planta sin hojas

1. Quita todas las hojas de una planta pequeña.

2. Coloca la planta en un lugar soleado y mantenla con agua.

3. Haz una predicción de lo que va a suceder.

4. Observa la planta todos los días.

5. Haz dibujos para mostrar lo que sucede.

Conclusión

REDACCIÓN

Juego de secuencia

Escoge una planta o un animal. Dibuja y escribe cómo crece. Coloca uno o varios de los pasos detrás de una carpeta para que tus compañeros adivinen.

LECTURA

¿Quién vive en el mar? **por Jim Channell**

¿Qué animales viven en el océano? Lee este libro para saberlo.

CENTRO DE COMPUTACIÓN

Visita *The Learning Site* en
www.harcourtschool.com/science/spanish

Los hogares de
los seres vivos

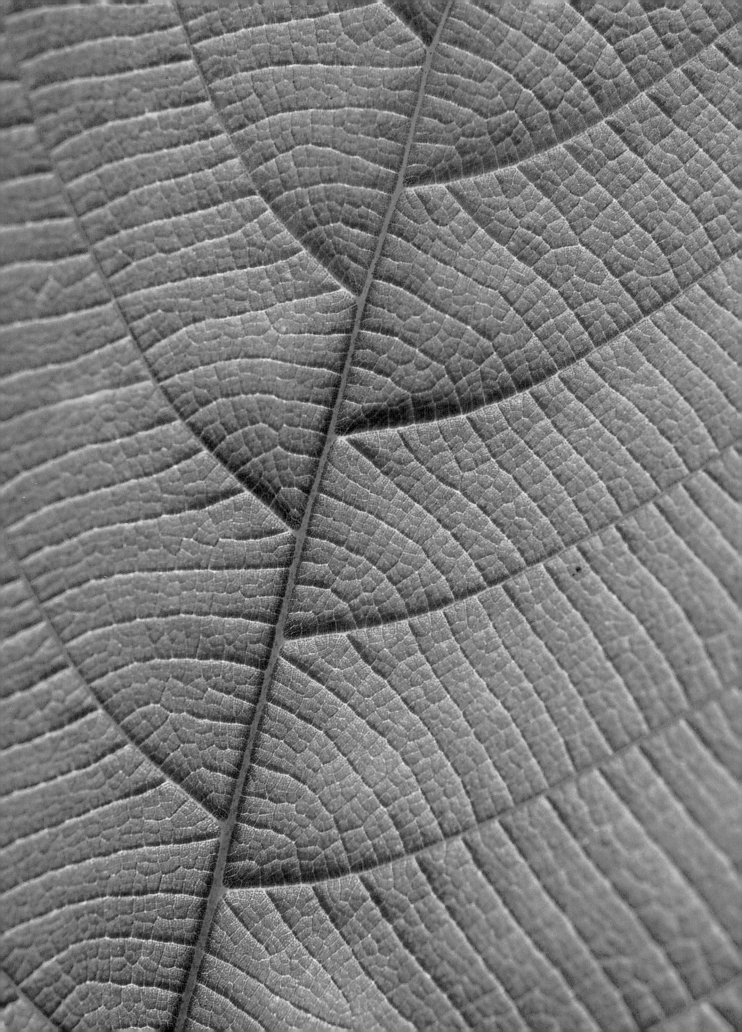

Los hogares de los seres vivos

PROYECTO DE LA UNIDAD

Éste es un mundo pequeño

Haz un bosque o un desierto terrario. Busca información sobre los suelos y las plantas que vas a necesitar.

Hábitats de las plantas y los animales

Vocabulario

medio ambiente

hábitat

desierto

bosque tropical

bosque

Ártico

estanque

cadena alimenticia

¿Lo sabías?

Casi la mitad de todos los tipos de plantas y animales de la Tierra viven en el **bosque tropical**.

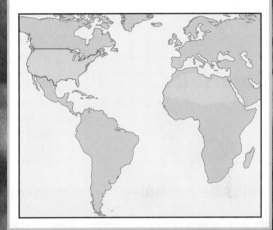

¿Qué es un hábitat?

Dónde satisfacen sus necesidades los animales

Materiales

fotos de animales

pegamento

creyones

papel y lápiz

1 Selecciona la foto de un animal. Pégala en la mitad de tu papel.

2 En otro papel, haz una lista de las cosas que tu animal necesita.

3 Dibuja las cosas que tu animal necesita. Usa la foto para comunicar tus ideas.

Destrezas de ciencias

Cuando comunicas tus ideas, le dices o muestras a otros lo que sabes.

Dónde viven los animales

Los animales viven en diferentes tipos de medio ambientes alrededor del mundo. Un **medio ambiente** está formado por todos los seres vivos y no vivos de un lugar. Estos caribú viven en el norte, en un medio ambiente frío.

Alaska

El hábitat de los animales

Cada animal tiene un hábitat. Un **hábitat** es un lugar donde un animal encuentra los alimentos y el agua que necesita para vivir. El animal también encuentra refugio para protegerse de otros animales.

Un medio ambiente puede tener hábitats diferentes. En un medio ambiente, como un bosque, parte del bosque puede ser el hábitat de un oso. Un árbol del bosque puede ser el hábitat de una avispa.

avispero

oso pardo de Alaska

■ ¿En qué forma, estos animales satisfacen sus necesidades en su hábitat?

puma

Los animales buscan un hábitat donde puedan satisfacer sus necesidades. Un pelícano come peces, así que vive cerca del mar.

nutria

somormujo

■ ¿En qué forma, estos animales satisfacen sus necesidades en su hábitat acuático?

pelícano

Piénsalo

1. ¿Qué es un hábitat?
2. ¿Por qué animales diferentes viven en hábitats diferentes?

¿Cuáles son los diferentes hábitats terrestres?

Hábitats diferentes de los animales

Materiales

tarjetas de animales

tarjetas de hábitats

1 Clasifica las tarjetas. Coloca las tarjetas de animales en un grupo y las tarjetas de hábitats en otro.

2 Observa las tarjetas con mucho cuidado. Combina cada animal con su hábitat.

3 Compara tus combinaciones con las de un compañero de clase. Explica por qué hiciste esas combinaciones.

Destrezas de ciencias

Cuando clasificas las tarjetas, examinas cómo éstas se combinan.

Diferentes hábitats terrestres

Algunos medio ambientes terrestres son de clima cálido. Otros son de clima frío. En algunos llueve mucho y en otros llueve muy poco. En cada medio ambiente, el hábitat de los animales es aquél donde puedan encontrar lo que necesitan.

desierto

bosque tropical

bosque

Ártico

Hábitats del desierto

Un **desierto** es un medio ambiente donde casi no llueve. Sólo unos pocos animales y plantas tienen allí su hábitat. Los animales y plantas del desierto no necesitan mucha agua. La mayoría de las plantas del desierto almacenan agua y la utilizan después. Muchos animales del desierto obtienen el agua de los alimentos.

■ **¿En qué forma estos seres vivos satisfacen sus necesidades?**

mochuelo duende

cacto

monstruo de Gila

Hábitats del bosque tropical

Un **bosque tropical** es un medio ambiente donde llueve casi todos los días. La mayoría de los bosques tropicales tiene un clima cálido durante todo el año. Muchos animales y plantas tienen allí su hábitat. Las plantas se usan como refugio y alimento de los animales.

■ ¿En qué forma estos animales satisfacen sus necesidades?

boa esmeralda

murciélagos

rana

Hábitas del bosque

Un **bosque** es un medio ambiente donde la lluvia y el calor son suficientes para que los árboles crezcan. Los animales de los hábitats de los bosques utilizan las plantas y los árboles como refugio y alimento.

Cuando hace frío, la mayoría de los árboles del bosque pierden sus hojas. Algunas aves vuelan hacia lugares más cálidos. Algunos animales duermen durante todo el invierno.

pájaro carpintero

■ ¿En qué forma estos animales satisfacen sus necesidades?

mapaches

B12

Hábitats del Ártico

El **Ártico** es un lugar de medio ambiente frío y con mucho viento. La tierra está cubierta de hielo y nieve la mayor parte del año. Los veranos son fríos y cortos. Algunas plantas pueden crecer en el verano, pero éste es demasiado corto para que los árboles crezcan.

Tan sólo unos pocos animales tienen su hábitat en el Ártico, ya que hace mucho frío. El oso polar soporta el invierno porque su grueso pelaje lo mantiene caliente cuando sale en busca de alimento.

oso polar

Piénsalo

1. ¿En qué se parecen los medio ambientes terrestres? ¿En qué se diferencian?
2. ¿En qué forma los animales satisfacen sus necesidades en sus hábitats terrestres?

¿Cuáles son los diferentes hábitats acuáticos?

Agua dulce y agua salada

Materiales

2 vasos con agua

2 hojas de lechuga

sal y cuchara

papel y lápiz

1 Mezcla dos cucharadas de sal en un vaso con agua.

2 Coloca una hoja de lechuga en cada vaso con agua. Deja la lechuga en el agua durante toda la noche.

3 Predice lo que le sucederá a cada hoja. Anota tus predicciones. Haz dibujos.

4 Al día siguiente, revisa la lechuga. ¿Qué observas? ¿Hiciste una predicción correcta?

Destrezas de ciencias

Cuando **predices**, usas lo que sabes para explicar lo que sucederá.

Diferentes hábitats acuáticos

La Tierra tiene muchos medio ambientes acuáticos. Un **estanque** es un medio ambiente pequeño de agua dulce y un océano es un medio ambiente mucho más grande de agua salada. En cada medio ambiente, las plantas y los animales tienen sus hábitats.

estanque

océano

Hábitats de agua dulce en un estanque

En las orillas del estanque, viven ranas, aves y muchas clases de insectos. Las nutrias y el ratón almizclero construyen madrigueras como refugios. Las tortugas, los peces y las plantas acuáticas viven en el agua del estanque.

ratón almizclero

tortuga lagarto

La superficie del estanque es el hábitat de lirios acuáticos y de otras plantas. Las ranas y tortugas usan estas plantas como refugio. Algunos animales del estanque, como los insectos, también utilizan las plantas como alimento.

Algunos animales se pasean por la superficie del estanque cuando necesitan alimento. Los patos y las arañas de agua, flotan sobre la superficie. Desde ahí, se sumergen para buscar peces y plantas.

araña pescadora

■ ¿Por qué crees que esta araña toma una burbuja de aire debajo del agua?

algas

pez de agua salada

Hábitats de agua salada en el océano

Un océano es una masa grande de agua salada. Las algas viven cerca de la superficie del océano. Estas plantas son el alimento de peces y de otros animales del océano.

La mayoría de los animales del océano nada hacia lugares donde pueden encontrar alimento. Los mamíferos del océano, tales como las ballenas y los delfines, tienen que salir a la superficie para respirar.

delfines

langosta

oceanógrafo

Plantas y animales tales como las langostas y los cangrejos viven en el fondo del mar. Hay muchas plantas en aquellos lugares del fondo del mar donde llega la luz del sol. Los animales que viven allí se alimentan de estas plantas.

Piénsalo

1. ¿Cuáles son algunos hábitats de agua dulce?
2. ¿Cuáles son algunos hábitats de agua salada?

La persona que estudia el océano se le conoce como oceanógrafo. Jacques Yves Cousteau fue un oceanógrafo francés famoso. Él estudió las plantas y animales que viven en el medio ambiente del océano.

¿Cómo se ayudan las plantas y los animales?

Investigación

Una forma en que los animales usan las plantas

Materiales

plato con alpiste

plato con moras

papel y lápiz

¿Los pájaros comen semillas o moras?		
Comen semillas	Comen moras	Comen ambas

1 Con tu maestra, coloca el plato afuera, al alcance de los pájaros.

2 Haz una tabla como ésta. Anota lo que observas cada día.

3 Usa tu tabla para explicar lo que observaste.

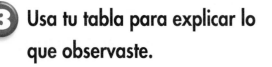
Destrezas de ciencias
Si haces una tabla, ésta te ayudará a llevar la cuenta de lo que observas.

Cómo las plantas y animales se ayudan entre sí

Las abejas y las flores muestran una forma en que los animales y plantas se ayudan entre sí. La abeja ayuda a la flor a producir semillas. La flor produce un líquido dulce, llamado néctar, que es el alimento de la abeja.

abeja

polen

Las plantas ayudan a los animales

Los animales se alimentan de plantas. Las aves se alimentan de frutas y semillas. Los pandas y muchos otros mamíferos comen hojas y tallos.

Los animales también utilizan las plantas como refugio. Un mapache puede vivir en el agujero de un árbol. Muchas aves utilizan ramas, hojas y hierbas para construir nidos.

panda gigante

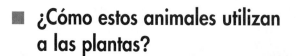

■ ¿Cómo estos animales utilizan a las plantas?

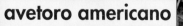

avetoro americano

Los animales ayudan a las plantas

Los animales ayudan a las plantas al transportar sus semillas hacia nuevos lugares fértiles. Las aves se alimentan de bayas que tienen semillas en su interior. Después, las semillas son excretadas por el ave y caen en la tierra. Las semillas pueden crecer formando nuevas plantas, lejos de las plantas de las que nacieron.

Las semillas también se pegan al pelaje de los animales. Cuando el animal se mueve, las semillas se mueven con él. Cuando las semillas se desprenden, pueden caer en la tierra y germinar.

ampélido

bisonte

■ ¿Qué está haciendo este bisonte para ayudar a las plantas?

Cadenas alimenticias

Todos los seres vivos necesitan alimentos para vivir y crecer. Las plantas usan la luz del sol para fabricar su alimento. Algunos animales se alimentan de plantas. Otros animales se alimentan de aquéllos que comen plantas. Una **cadena alimenticia** es el orden en el que los animales comen plantas y otros animales.

Las fotos muestran una cadena alimenticia en un estanque. La cadena alimenticia comienza con las plantas que se encuentran en la superficie del estanque. Un insecto se come a las plantas y un pez se come al insecto. Luego, un martín pescador se come al pez.

Piénsalo

1. ¿Cómo se ayudan las plantas y los animales entre sí?
2. ¿Qué es una cadena alimenticia?

Matemáticas

¿Cuánta lluvia?

La lluvia hace que un desierto y un bosque tropical sean lo que son. Un desierto es seco. Recibe menos de 2 centímetros de lluvia al mes. Un bosque tropical es húmedo. Recibe más de 16 centímetros de lluvia al mes.

Piensa y practica

Mide dos centímetros desde el borde de una hoja de papel y haz una marca con un lápiz. Haz otra marca con un lápiz a 16 centímetros. ¿Cuántos centímetros más de lluvia cae durante un mes en un bosque tropical que en un desierto? Muestra tu respuesta en un problema matemático.

 **Literatura**

Byrd Baylor
observa los desiertos

Byrd Baylor escribe sobre el desierto. A ella le gusta observar las plantas y los animales que viven allí. Ella escribe poemas sobre el desierto. Uno de sus libros de poemas se llama *Desert Voices*.

 **Piensa y practica**

Halla un poema de Byrd Baylor. Compártelo con los demás. Habla sobre cómo ella escribió sobre las plantas y los animales. Luego, escribe tu propio poema sobre un lugar que te guste.

Di lo que sabes

1. Di lo que sabes sobre la ilustración. Usa las palabras *bosque*, *medio ambiente* y *cadena alimenticia*.

Vocabulario

Di qué ilustración corresponde con cada palabra o palabras.

2. hábitat

3. desierto

4. bosque tropical

5. estanque

6. Ártico

a.   b.   c.

d.   e.

Uso de las destrezas de ciencias

7. Comunicar Haz un dibujo para mostrar una cadena alimenticia que incluya tres o más seres vivos. Muestra tu ilustración a tus compañeros de clases. Habla sobre cómo funciona la cadena alimenticia.

8. Comparar Haz una tabla igual a ésta para comparar los medio ambientes terrestres. Luego, haz una tabla para comparar los medio ambientes acuáticos.

Comparación de los medio ambientes terrestres			
Medio ambiente	Clima	Animales	Plantas
desierto			
bosque tropical			
bosque			
Ártico			

Cambios en los hábitats

Vocabulario

sequía
contaminación
desperdicio
volver a usar
reciclar

¿Lo sabías?

Si **reciclas** una pila de periódicos que tiene una altura de 4 pies, conservarás un árbol y evitarás que lo talen.

¿Lo sabías?

Las plantas ayudan a eliminar la **contaminación** del aire a medida que respiran el aire.

B31

¿Cómo el clima cambia los hábitats?

El clima y las semillas

Materiales

semillas

2 platos de papel

4 toallas de papel húmedas

botella para rociar

papel y lápiz

1 Coloca una toalla húmeda sobre cada plato. Coloca 4 semillas sobre cada toalla. Cúbrelas con otra toalla húmeda.

2 Coloca los platos en un lugar cálido. Mantén las toallas en un plato húmedo.

3 Revisa las semillas todos los días. Anota lo que observas.

4 ¿Crees que las semillas necesitan la lluvia? Saca tu conclusión.

Destrezas de ciencias

Usas tus observaciones y lo que sabes para sacar una conclusión.

Cómo la lluvia cambia a la tierra

Las plantas y animales necesitan ciertas cosas para vivir. A veces, mucha o poca lluvia cambia sus hábitats. Entonces, ellos ya no pueden tener lo que necesitan.

campos de trigo secos

Sequías

Un estanque se puede secar cuando no llueve por un largo tiempo. Un largo tiempo sin lluvia se llama **sequía**. Sin agua suficiente, la mayoría de las plantas del estanque mueren. Muchos animales del estanque se marchan a otros estanques.

■ ¿Cómo son estos estanques diferentes?

■ ¿Cómo es la tierra de estas ilustraciones diferente?

Inundaciones

Cuando llueve durante un largo tiempo, el agua de la lluvia puede inundar la tierra. Entonces, las plantas y los animales reciben demasiada agua. Las plantas mueren y los animales se marchan a lugares más secos.

Los rayos y el fuego

A veces, un rayo cae sobre un árbol del
bosque. Si el bosque está seco, el árbol se puede
incendiar. El fuego puede llegar hasta otros
árboles y extenderse por el bosque.

Algunos animales pueden morir. Otros,
pueden moverse con rapidez, a lugares más
seguros.

Después que el incendio quema el bosque, algunas semillas comienzan a germinar. Los pájaros dejan caer otras semillas en la tierra. Las semillas crecen y se convierten en nuevas plantas y muchos animales regresan. Con el tiempo, el bosque comenzará a verse de la forma como se veía antes del incendio.

■ **¿Qué conclusión puedes sacar de esta foto?**

Piénsalo

1. ¿En qué forma, demasiada lluvia o muy poca lluvia cambian un medio ambiente?
2. ¿En qué forma un incendio cambia un medio ambiente?

¿Cómo la contaminación cambia el medio ambiente?

Cómo la tierra y la arena pueden limpiar el agua

Materiales

arena   tierra   filtro de café   embudo   envase   **agua de colores**

agua de colores

1 Coloca el embudo y el filtro en el envase. Agrega arena y después tierra para hacer un filtro natural.

2 Agrega el agua de colores dentro de tu filtro de arena y tierra. ¿Qué observas?

3 Tu filtro funciona como lo hace la tierra afuera. ¿El filtro limpió el agua de colores?

Destrezas de ciencias

Cuando observas, usas tus sentidos para saber qué ocurre.

Cómo la contaminación cambia el medio ambiente

A los desechos que dañan la tierra, el agua o el aire se les llama **contaminación**. La contaminación también daña las plantas y animales que utilizan la tierra, el agua y el aire.

La contaminación de la tierra

Las personas tiran la basura en un basurero. Después, el basurero es colocado en un terreno donde hay más basura. La basura que no se coloca en un basurero se llama **desperdicio**. El desperdicio daña las plantas y animales. Cubre a las plantas, de tal manera que a éstas no les llega luz. Los animales pueden comer desperdicios y enfermarse.

■ **¿En qué forma este basurero ha cambiado la tierra?**

La contaminación

Las plantas y los animales necesitan aire limpio. El aire se ensucia o se contamina cuando algunas fábricas y carros expulsan humo y gases. Esta contaminación del aire puede enfermar a las plantas y a los animales.

■ ¿Qué está contaminando el aire?

La contaminación del agua

Todos los seres vivos necesitan agua limpia. La contaminación del agua cambia a los ríos, lagos y arroyos. Los desechos que provienen de las fábricas y de otros lugares pueden dañar a las plantas y a los animales.

Los desperdicios lanzados al agua contaminan y esta contaminación del agua daña a los animales. Si los animales comen desperdicios, se enfermarán. Los desperdicios también quedan atrapados dentro del cuerpo de los animales; entonces, los animales pueden tener problemas para comer y moverse.

■ **¿En qué forma los desperdicios dañan a este pájaro?**

Piénsalo

1. ¿Cuáles son algunos tipos de contaminación?
2. ¿En qué forma la contaminación daña a las plantas y a los animales?

¿Cómo ayudamos al medio ambiente?

Cómo se pueden volver a utilizar las cosas

Materiales

cosas usadas   marcadores o pintura   pegamento   periódico

1 Observa las cosas usadas. ¿Cómo podrías usarlas para hacer algo nuevo?

2 Haz una lista de los pasos que seguirás. Sigue tu plan.

3 Usa el plan para comunicarle a tu compañero cómo hiciste algo nuevo.

Destrezas de ciencias

Cuando haces la lista de los pasos a seguir, facilitas tu comunicación.

Aprende

Formas en que las personas ayudan al medio ambiente

Las personas pueden cuidar su medio ambiente y mantenerlo limpio. ¿En qué forma estas personas están ayudando al medio ambiente?

Cuidar la tierra

Algunas personas plantan árboles. Estos árboles pueden convertirse en nuevos hogares para los animales. Las raíces de los árboles fijan el suelo; así no es arrastrado ni arrasado hacia otras partes.

Las personas cuidan la tierra cuando colocan la basura en los basureros. En muchos lugares, las personas se unen para recoger la basura.

■ **¿Cómo cuidan la tierra estas personas?**

Otra manera en que las personas pueden cuidar la tierra es acumulando menos basura. Las personas decidieron **volver a usar** las viejas llantas para hacer el parque.

Las personas también acumulan menos basura cuando reciclan. **Reciclar** significa usar materiales viejos para hacer cosas nuevas. Las latas de metal y las botellas plásticas, se pueden derretir para hacer otras cosas.

Cuidar el aire

Las personas pueden cuidar el aire al contaminar menos. A veces, las personas eligen caminar o manejar bicicleta, en vez de conducir carros. Muchas fábricas han encontrado formas de contaminar menos el aire.

■ ¿Qué está haciendo esta persona para ayudar a mantener limpio el aire?

Cuidar el agua

Las personas pueden ayudar a mantener limpia el agua de los ríos, lagos, arroyos y océanos. Algunas personas ayudan al recoger los desperdicios. Muchas fábricas están buscando formas para deshacerse de sus desechos sin tirarlos al agua.

■ **¿En qué forma estas personas ayudan a cuidar el agua?**

Piénsalo

1. ¿Cómo las personas pueden mantener limpio el medio ambiente?
2. ¿En qué forma pueden las personas contaminar menos?

Matemáticas

¿Cuánta basura de papel podrías volver a usar?

Un vertedero de basura contiene muchos tipos de basura. Quizás éste tenga botellas viejas, latas vacías e incluso televisores rotos. El papel es el que ocupa más espacio en un vertedero.

Piensa y practica

Agarra una bolsa grande y colócala frente al salón de clases por un día. Lanza toda la basura de papel en ella.

Al finalizar el día, cuenta los papeles que podrías volver a usar. Luego, cuenta los papeles que no podrías volver a usar. Compara. ¿Hay más papeles que podrías volver a usar o más papeles que no podrías volver a usar?

Los arqueólogos investigan la basura

Hace mucho tiempo, la mayoría de las personas lanzaba la basura en grandes huecos que hacían en la tierra. Hoy en día los arqueólogos sacan la basura de esos huecos. Los arqueólogos son científicos que estudian cómo vivían las personas hace mucho tiempo.

La basura les ayuda a aprender más sobre las personas que la botaban. Un juguete roto podría mostrar que una familia tenía un niño. Un frasco podría mostrar qué le gustaba comer a las personas.

Piensa y practica

Revisa la basura de tu salón de clases y haz una tabla como ésta. Escribe qué dice cada pedazo de basura sobre tu clase.

Lo que la basura de nuestro salón de clases dice

Nuestra basura	Lo que dice
virutas de lápiz	Usamos lápices.

Di lo que sabes

Di lo que sabes sobre cada ilustración.

1.   **2.**   **3.**   **4.**

Vocabulario

Empareja cada palabra con la ilustración que la describe.

5. contaminación

6. reciclar

7. desperdicio

8. volver a usar

a.

b.

c.

d.

Uso de las destrezas de ciencias

9. **Sacar conclusiones** Estas dos ilustraciones muestran el mismo lago.

antes

después

¿Qué conclusión puedes sacar sobre qué le pasó al lago?

10. **Comparar** ¿Qué cosas se reciclan en tu escuela y en tu vecindario? Haz una tabla como ésta. Compara las cosas que se reciclan en la escuela y en tu vecindario.

Cosas que se reciclan		
Objetos	Escuela	Vecindario
botellas de vidrio		ⵏⵏⵏⵏ
papel	ⵏⵏⵏⵏ ⵏⵏ	ⵏⵏ

Un paseo por la naturaleza

1. Da un paseo por la naturaleza con un miembro adulto de la familia o de tu clase.

2. Observa la mayor cantidad de animales que puedas.

3. Toma notas. Haz dibujos y escribe sobre cómo estos animales satisfacen sus necesidades.

4. Comparte tus notas.

Haz un hábitat de lombrices

1. Llena un frasco grande con tierra. Riega la tierra con agua.

2. Coloca las lombrices en la tierra.

3. Riega la tierra y las hojas sobre las lombrices.

4. Observa el hábitat durante varios días. Dibuja y escribe para indicar cómo las lombrices usan su hábitat.

5. Vuelve a colocar las lombrices afuera.

Reciclar y volver a usar

Haz una tabla de reciclaje. Muestra los tipos de cosas que se pueden reciclar y volver a usar.

Observa lo que está en el aire

1. Pon vaselina en el centro de una tarjeta.

2. Coloca la tarjeta afuera sobre una repisa de una ventana.

3. Al día siguiente observa la tarjeta con una lupa.

4. Dibuja y escribe sobre lo que ves.

5. Coloca otra tarjeta en un lugar diferente. Haz otra vez la actividad. Compara qué sucede.

REDACCIÓN

¿Qué tipo de medio ambiente te gustaría visitar más? Haz una tarjeta viajera que hable sobre esto. Incluye rótulos.

LECTURA

Los Desiertos
por Michael Chinery
Lee sobre las plantas y los animales que viven en un desierto. ¿Cómo sobreviven los seres vivos en el desierto? Di tus ideas.

 CENTRO DE COMPUTACIÓN
Visita **The Learning Site** en
www.harcourtschool.com/science/spanish

Explorar la superficie de la Tierra

Explorar la superficie de la Tierra

PROYECTO DE LA UNIDAD

¿Qué sabes?

Haz unas tarjetas de fósiles.
Escribe preguntas de un lado y
respuestas del otro lado.

Los recursos de la Tierra

Vocabulario

roca

suelo

peña

arena

recurso

recurso natural

transporte

mineral

¿Lo sabías?

En Hawai'i, la **arena** negra de algunas playas está hecha de pedazos de **rocas** de un volcán cercano.

¿Lo sabías?

El diamante es un **mineral** tan duro que raya el vidrio.

C3

¿En qué forma las personas usan las rocas y el suelo?

Investigación

Una forma de usar el suelo

Materiales

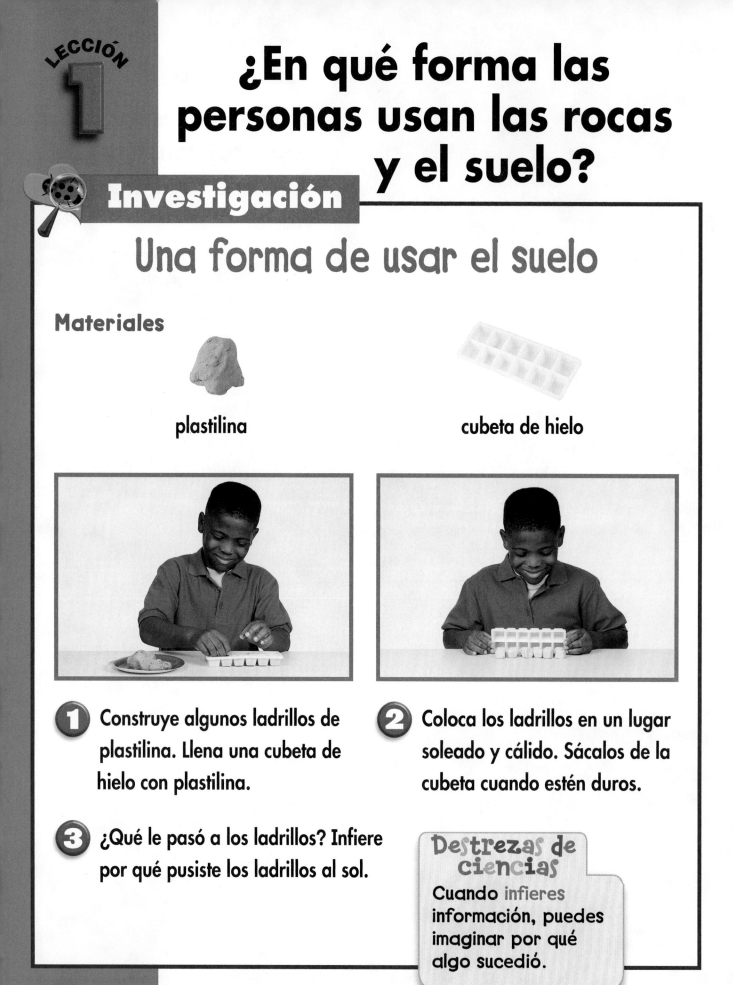

plastilina

cubeta de hielo

1 Construye algunos ladrillos de plastilina. Llena una cubeta de hielo con plastilina.

2 Coloca los ladrillos en un lugar soleado y cálido. Sácalos de la cubeta cuando estén duros.

3 ¿Qué le pasó a los ladrillos? Infiere por qué pusiste los ladrillos al sol.

Destrezas de ciencias

Cuando infieres información, puedes imaginar por qué algo sucedió.

Formas en que las personas usan las rocas y el suelo

Una **roca** es un ser no vivo, duro, que sale de la Tierra. La capa superior y suelta de la superficie de la Tierra se llama **suelo**. Las personas usan las rocas y el suelo de maneras diferentes.

Tipos diferentes de rocas

Las rocas tienen diferentes tamaños, colores y formas. Una **peña** es una roca grande. Un grano de **arena** es una roca diminuta. Una roca puede ser brillante o mate, y puede ser suave o áspera. Algunas piedras son más duras que otras.

peña

mármol

pómez

granito

basalto

arenisca

obsidiana

■ ¿En qué se diferencian estas rocas?

C6

Maneras en que las personas usan las rocas

Las rocas son un tipo de recurso natural. Un **recurso** es cualquier cosa que pueden usar las personas. Un **recurso natural** es algo que se encuentra en la naturaleza que las personas pueden usar para satisfacer sus necesidades.

Las personas usan rocas para construir cosas como casas y carreteras. También usan rocas para hacer esculturas.

Las personas pueden cambiar el tamaño, la forma y la textura de las rocas. Parten las rocas grandes en rocas más pequeñas para fabricar la grava de las carreteras. También hacen esculturas con superficies ásperas y lisas.

Monte Rushmore

Camión descargando grava

■ ¿En qué forma se usan las rocas que están en el camión?

C7

Tipos de suelo

Los diferentes tipos de suelo están formados por elementos diferentes. El suelo arenoso contiene mucha arena. La capa superior del suelo tiene muchas plantas y animales muertos. El suelo arcilloso está compuesto por diminutos pedazos de roca que se pegan, unos a otros, con facilidad. Los tres tipos diferentes de suelo retienen cantidades diversas de agua.

■ ¿Qué tipo de suelo retiene la mayor cantidad de agua? ¿Qué tipo retiene la menor cantidad?

capa superior del suelo   suelo arcilloso   suelo arenoso

campo de papas

Maneras en que las personas usan el suelo

Las personas usan el suelo para cultivar alimentos y hacer ladrillos. Existe un tipo de ladrillo llamado adobe. Las personas hacen una mezcla de arcilla húmeda y paja con la que modelan ladrillos. Ellos usan los ladrillos duros para construir cosas.

construcción de adobe

Piénsalo

1. ¿En qué forma las personas usan las rocas?
2. ¿Cómo las personas usan el suelo?

¿Cómo usan el agua las personas?

Investigación

Cómo usas el agua

Cómo nuestra clase usa agua en un día	
Nuestra clase usa agua	Cuántas veces
para beber	
para lavarse las manos	
para regar las plantas	
para limpiar	

1 Fíjate bien en la forma en que tu clase usa el agua durante un día. Recopila los datos.

2 Haz una marca cada vez que tu clase use el agua. Al final del día, cuenta las marcas.

3 Usa tus datos para contestar estas preguntas.
- ¿De cuántas maneras usó el agua tu clase?
- ¿Cuál fue la manera en que tu clase usó el agua la mayor parte del tiempo?

Destrezas de ciencias

Recopilar datos es una manera de hallar las respuestas a las preguntas.

Maneras en que usamos el agua

El agua es un recurso natural que las personas usan todos los días. Las personas beben agua y la usan para nadar, limpiar y como medio de transporte. ¿Cómo están usando el agua las personas aquí?

Usos del agua

Las personas, las plantas y los animales necesitan agua para vivir y crecer. Las personas usan el agua para beber, cocinar, para bañarse y regar las plantas. También la usan para lavar la ropa, los platos y los carros.

■ ¿Cómo usan el agua estos niños?

transbordador

represa Hoover

Las personas también usan el agua cuando navegan en botes y barcos. Los botes y los barcos son tipos de **transporte** o formas de transportar a las personas o cosas.

El agua también se usa para producir electricidad. Las personas construyen represas en los ríos. El flujo del río hace trabajar las máquinas que producen la electricidad.

Piénsalo

1. ¿De qué manera las personas usan el agua en el cuidado de plantas y animales?

2. ¿De qué otras maneras las personas usan el agua?

¿Qué otros recursos naturales usamos?

Investigación

Usar plantas para hacer un comedero de pájaros

Materiales

cartón de leche   tijeras   partes de plantas   pegamento   alpiste

1 Con tu maestro, corta la punta de un cartón de leche.

CUIDADO Corta cuidadosamente.

2 Pega partes de plantas en los lados y en la parte inferior del cartón.

3 Coloca alpiste en tu comedero y colócalo afuera.

4 Comunícale a tus compañeros de clase lo que hiciste.

Destrezas de ciencias

Puedes mostrar cosas para comunicar algo.

Otros recursos naturales que usan las personas

Las plantas y el aire son otros dos recursos naturales importantes. Las personas usan estos recursos naturales para satisfacer sus necesidades. ¿Cómo usan estas personas las plantas y el aire?

Cómo las personas usan las plantas

Las plantas son un recurso que las personas usan para hacer productos diferentes. Las personas usan la madera de los árboles para fabricar muebles y casas.

Las personas también usan la madera para hacer papel. Toman las astillas de madera y las convierten en una mezcla llamada pulpa. Luego, presionan la pulpa hasta extraer láminas de papel.

■ ¿Cómo las personas han usado las plantas aquí?

pino

periódicos

banco de pino

Las personas también usan las plantas para hacer ropa. Usan la planta de algodón para hacer vestidos, sábanas y muchos otros productos.

Las personas también usan las plantas como alimento. Comen frutas y vegetales. Usan otras partes de la planta para fabricar alimentos como el pan y la pasta.

algodón

gorra de algodón

■ ¿Cómo usa este niño las plantas?

C17

Cómo las personas usan los minerales

Los minerales son otro recurso natural que usan las personas. Un **mineral** es un tipo de ser no vivo que se encuentra en la naturaleza. Las personas hallan los minerales en las rocas. El cobre, el hierro y los diamantes, son minerales. Las personas usan estos minerales para hacer monedas, muebles y joyas.

■ ¿Qué se hace con estos minerales?

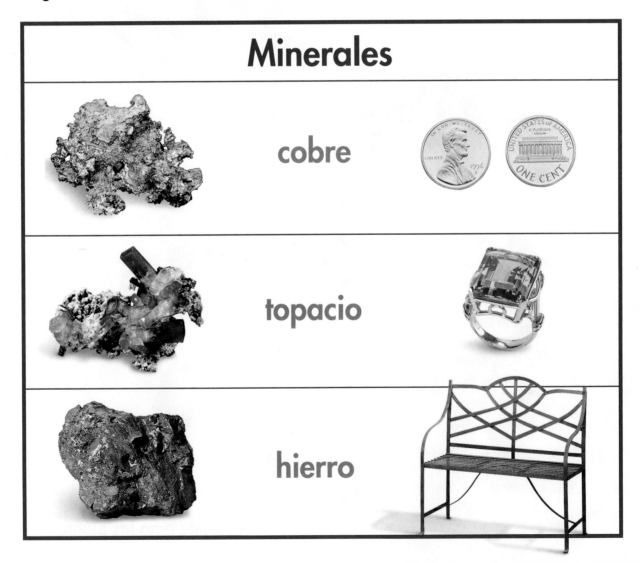

Minerales

	cobre	
	topacio	
	hierro	

Cómo las personas usan el aire

El aire es otro recurso importante. Las personas necesitan aire puro para respirar pero también lo usan de otras formas. Usan aire para llenar las llantas, balsas y juguetes. También usan el aire cuando viajan en aviones.

■ **¿Cómo esta niña usa el aire?**

Piénsalo

1. ¿Cuáles son algunas formas en que las personas usan las plantas?
2. ¿Cuáles son otros recursos que usan las personas?

Matemáticas

¿Cuánta agua?

La mayoría de las personas usan casi 100 galones de agua cada día. Usan el agua para beber, limpiarse y cocinar. También la usan para lavar la ropa, los platos y las mascotas.

Piensa y practica

Tú usas casi 2 galones de agua para lavarte las manos y la cara. Si 4 personas de una familia se lavan las manos y la cara, ¿qué cantidad de agua usarán? Escribe un problema de suma para mostrar la respuesta.

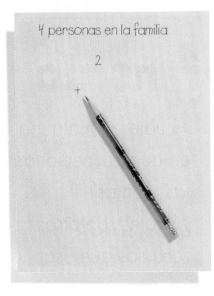

4 personas en la familia

2
+

Arte

Un artista usa los recursos naturales

Maya Lin es una arquitecta y artista que trabaja con piedra y otros materiales naturales. Ella ha diseñado esculturas de granito y usa incluso agua en su trabajo. Lin diseñó una escultura de barro llamada "The Wave Field". Ésta está hecha de tierra cubierta con pasto.

Piensa y practica

Diseña tu propia escultura. Primero haz un dibujo de lo que será tu escultura. Usa rocas, arcilla, tierra, hojas y otros materiales naturales para hacer la escultura.

Di lo que sabes

1. ¿Cómo la ilustración muestra las maneras en que las personas usan los recursos naturales?

Vocabulario

Di qué ilustración corresponde con cada palabra.

2. minerales

3. peña

4. suelo

5. arena

a.

b.

c.

d.

Uso de las destrezas de ciencias

6. Hacer modelos/Comunicar Haz un modelo de un bote para mostrar una manera en que las personas usan el agua. Decide qué usarás para hacer tu modelo. Podrías usar arcilla, papel o un cartón de leche vacío.

Escribe una oración que diga cómo tu bote usa el agua. Escribe otra oración que diga qué recursos usaste para hacerlo.

7. Recopilar datos/Comunicar Haz una tabla para mostrar las maneras en que las personas usan tres recursos. Dibuja o recorta ilustraciones que muestren algunas maneras en que se usa cada recurso. Pega las ilustraciones en la tabla. Luego, compártela.

Cómo las personas usan los recursos		
Rocas	Plantas	Agua

La Tierra en el pasado

Vocabulario

fósil

paleontólogo

reconstruir

dinosaurio

extinto

Triceratops

¿Lo sabías?

Los **dinosaurios** herbívoros fueron los animales terrestres más grandes que vivieron en la Tierra.

¿Lo sabías?

El dinornis, un ave de 10 pies de altura está **extinto** desde hace 300 años.

¿Qué es un fósil?

Cómo obtienen su forma algunos fósiles

Materiales

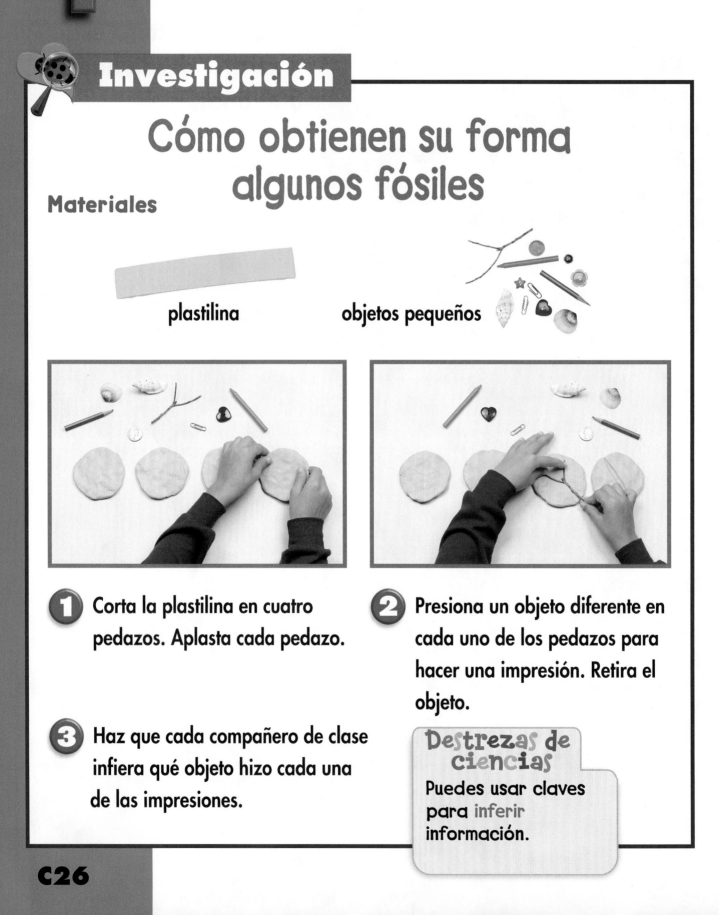

plastilina

objetos pequeños

1 Corta la plastilina en cuatro pedazos. Aplasta cada pedazo.

2 Presiona un objeto diferente en cada uno de los pedazos para hacer una impresión. Retira el objeto.

3 Haz que cada compañero de clase infiera qué objeto hizo cada una de las impresiones.

Destrezas de ciencias

Puedes usar claves para inferir información.

Fósiles

Las plantas y los animales vivieron en la Tierra antes que el hombre. Las personas saben esto porque han hallado fósiles. Un **fósil** es lo que queda de una planta o de un animal que vivió hace mucho tiempo.

fósil

Cómo se hacen los fósiles

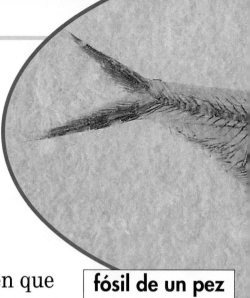

fósil de un pez

Algunas plantas y algunos animales que murieron hace millones de años, fueron comidos. Otras plantas y otros animales se convirtieron en fósiles.

Estas fotos muestran una de las formas en que se hacen los fósiles. Un pez muere en el océano. Su cuerpo se hunde hasta el fondo del mar. Pronto, el pez se cubre de lodo.

■ ¿Qué le sucede al cuerpo del pez?

Cómo se hace un fósil

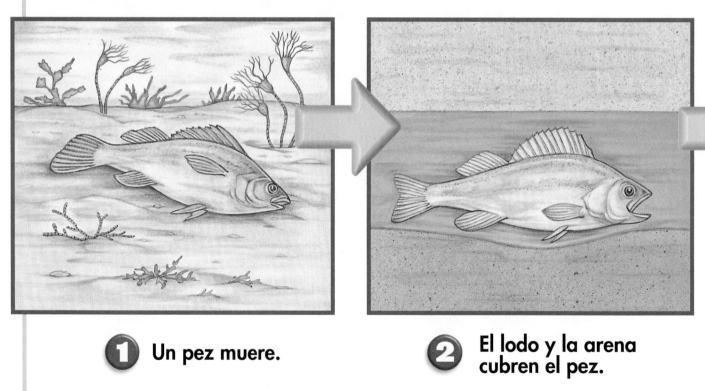

1 Un pez muere.

2 El lodo y la arena cubren el pez.

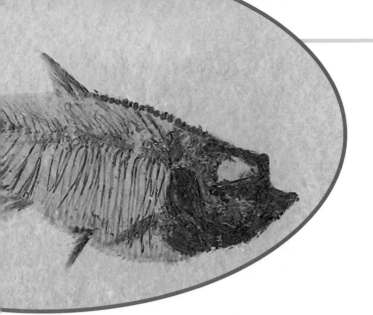

Mientras el cuerpo del pez se va pudriendo, éste se cubre con más lodo y arena. Queda atrapado en el lodo por un largo tiempo hasta que el lodo se convierte en roca. Una impresión del pez queda en la roca. Impresiones como ésta constituyen un tipo de fósil.

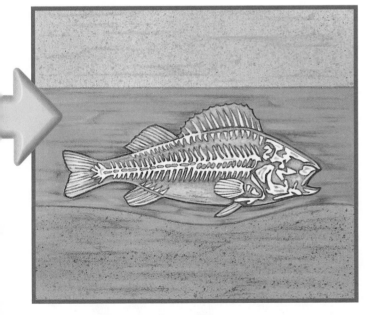

3 El lodo y la arena se convierten en roca.

Paleontólogo

Un **paleontólogo** es un científico que halla y estudia los fósiles. Al estudiar los fósiles, un paleontólogo aprende sobre las plantas y los animales que vivieron hace mucho tiempo.

■ ¿Qué hace esta paleontóloga?

Dónde se encuentran los fósiles

Los científicos descubren muchos tipos de fósiles en las rocas como dientes de animales, conchas y huesos que se han convertido en piedra. Otros son impresiones de plantas y animales.

huella fósil

fósil de un pájaro

■ ¿Qué tipo de fósil es éste?

Los científicos también descubren fósiles en otras cosas como la brea y el ámbar. El ámbar es la savia endurecida de los pinos que existieron hace mucho tiempo.

mosca en ámbar

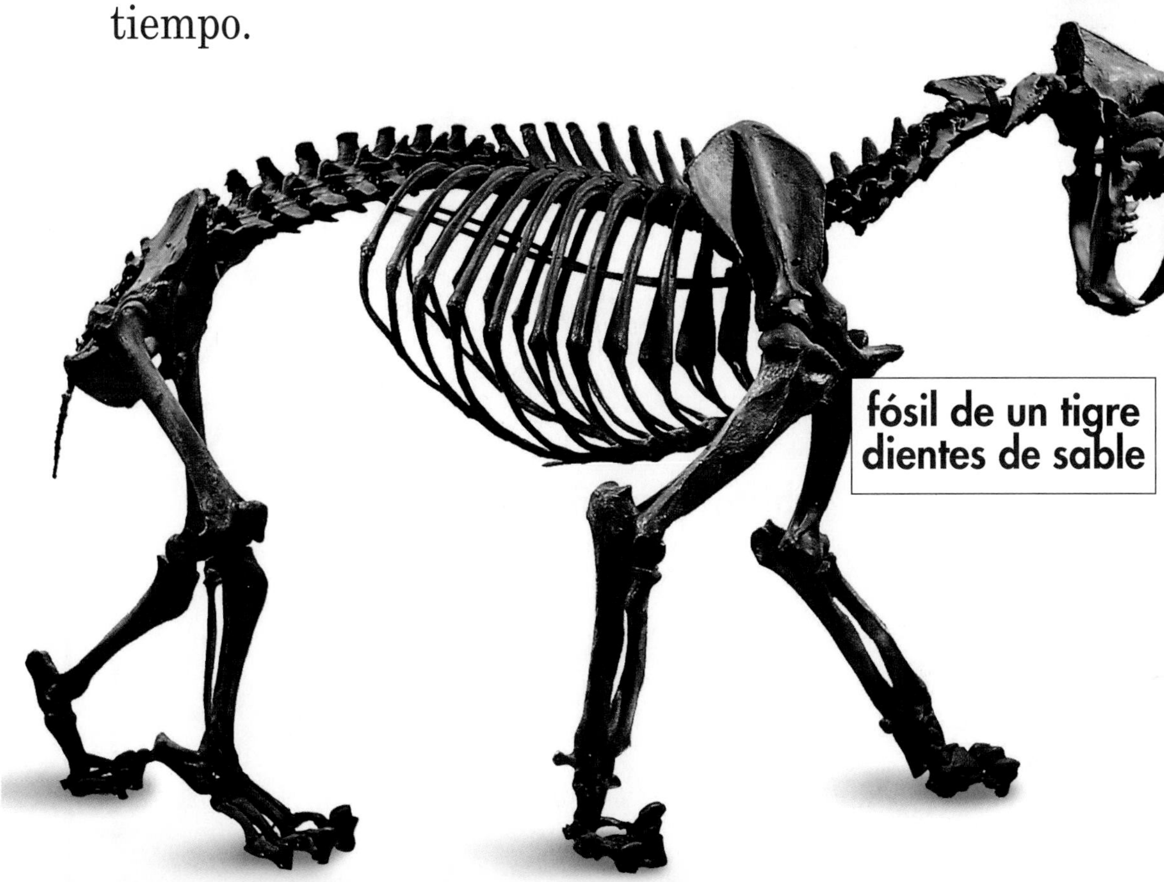

fósil de un tigre dientes de sable

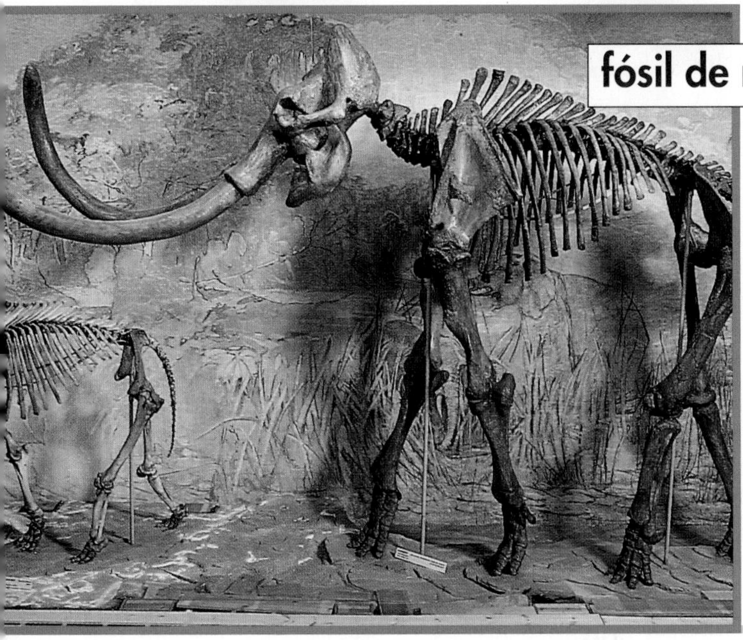

fósil de mamut

Piénsalo

1. ¿Cómo se hacen algunos fósiles?
2. ¿Dónde se hallan algunos fósiles?

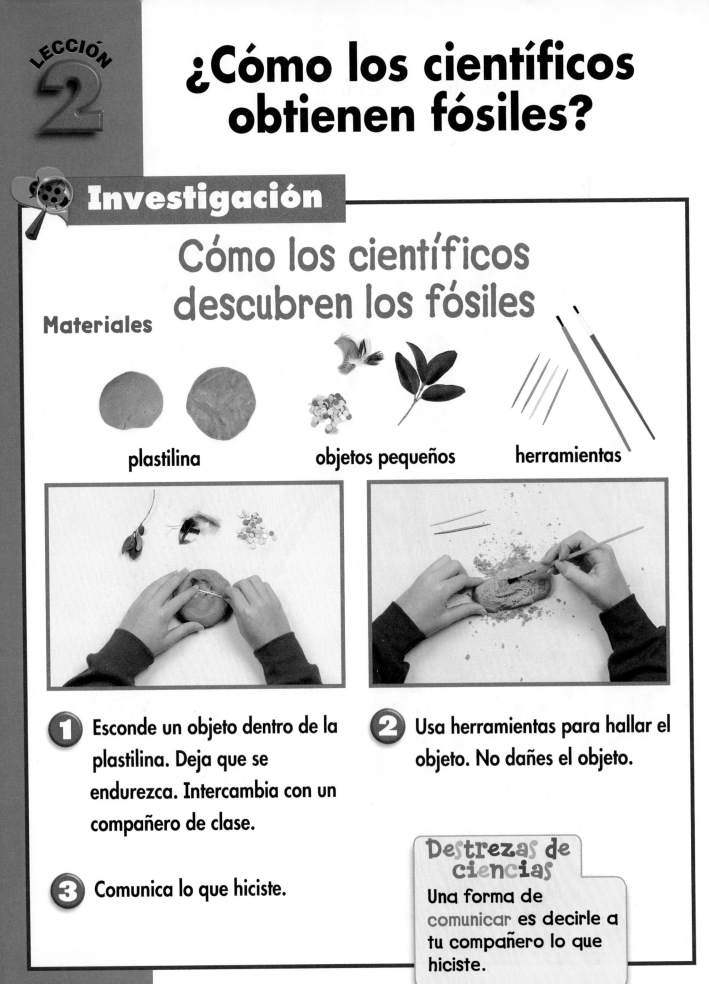

LECCIÓN
2

¿Cómo los científicos obtienen fósiles?

Investigación

Cómo los científicos descubren los fósiles

Materiales

plastilina   objetos pequeños   herramientas

1 Esconde un objeto dentro de la plastilina. Deja que se endurezca. Intercambia con un compañero de clase.

2 Usa herramientas para hallar el objeto. No dañes el objeto.

3 Comunica lo que hiciste.

Destrezas de ciencias
Una forma de comunicar es decirle a tu compañero lo que hiciste.

C32

Cómo los científicos obtienen fósiles

Los científicos descubren algunos fósiles dentro de las rocas. Para extraer los fósiles, tienen que tallar la roca. Trabajan despacio y con mucho cuidado para no romper los fósiles.

Cómo los científicos arman fósiles

Cuando los científicos separan un fósil de una roca, puede estar en piezas. Llevan las piezas del fósil a un museo y allí las limpian.

Luego los científicos tratan de armar estas piezas. Las observan y usan lo que saben sobre los animales. Quieren **reconstruir** o armar la mayor parte del esqueleto que sea posible.

Armar fósiles

1 Se extrae el fósil de la roca.

2 Se limpian las piezas.

Lo que los científicos aprenden de los fósiles

Los fósiles ayudan a los científicos a conocer las plantas y los animales que existieron hace mucho tiempo. Los científicos también aprenden de los fósiles cómo las plantas y los animales han cambiado. Comparan los fósiles con las plantas y los animales que viven actualmente.

fósil del Afrovenator

- Observa el fósil de arriba. ¿Cómo crees que lucía el animal vivo?

 Se arman las piezas.

Piénsalo

1. ¿Cómo los científicos obtienen fósiles?
2. ¿Qué aprenden los científicos de los fósiles?

¿Qué han aprendido los científicos sobre los dinosaurios?

Esqueletos de dinosaurios

Materiales

tijeras

libros sobre dinosaurios

palillos de felpilla

1 Haz un modelo de esqueleto de dinosaurio.

2 Une dos palillos de felpilla. Moldéalos para formar la columna vertebral y la cabeza.

3 Coloca otros palillos alrededor de la columna para formar las patas. Corta y coloca otros palillos para formar las costillas.

 Corta cuidadosamente.
CUIDADO

Destrezas de ciencias

Compartir tu modelo puede ayudarte a explicar tus ideas.

Lo que los científicos saben sobre los dinosaurios

Un **dinosaurio** es un animal que vivió hace millones de años. Hoy en día, los dinosaurios están **extintos** o ya no existen. Los paleontólogos saben acerca de los dinosaurios por sus fósiles.

fósil de dinosaurio

Clases de dinosaurios

Muchas clases de dinosaurios vivieron sobre la Tierra. Algunos eran tan pequeños como un pollo. Otros, eran más altos que un edificio de tres pisos.

La palabra *dinosaurio* significa "lagarto terrible". Los paleontólogos le dan a cada dinosaurio un nombre que lo describa. Una clase de dinosaurio se llama **Triceratops**, que significa "rostro con tres cuernos".

Otro dinosaurio se llama Tyrannosaurus rex. Su nombre significa "rey lagarto tirano". Un tirano es un gobernante cruel. El Tyrannosaurus rex fue uno de los dinosaurios más feroces que existieron.

¿Qué tan altos eran los dinosaurios?

Altura en pies: 24, 20, 16, 12, 8, 4, 0

Stegosaurus   Triceratops

■ ¿Cuál era la altura del Tyrannosaurus rex?

Tyrannosaurus rex   **Diplodocus**   **Niño de 7 años**

Lo que los científicos aprenden sobre los dinosaurios

Una forma en que los paleontólogos aprenden sobre los dinosaurios es comparándolos con animales que viven hoy en día. El Triceratops tenía dientes planos, como los de los animales que actualmente comen plantas. El Tyrannosaurus rex tenía dientes largos y puntiagudos, como los de los animales que actualmente comen carne.

diente de Tyrannosaurus rex

diente de Triceratops

■ Compara los dientes de los dinosaurios. ¿En qué se diferencian?

Los científicos han hallado impresiones fósiles de la piel de los dinosaurios. Estos fósiles muestran que algunos dinosaurios tenían una piel escamosa. Otros tenían una piel más lisa.

piel de dinosaurio

Los científicos saben que algunos dinosaurios ponían huevos. Se han encontrado fósiles de nidos de dinosaurios con huevos fósiles en su interior. Los científicos también han descubierto fósiles de dinosaurios jóvenes alrededor de algunos nidos.

■ ¿Qué hay en este nido de dinosaurio?

Piénsalo

1. ¿Cómo los científicos aprenden sobre los dinosaurios?

2. ¿Qué han descubierto los científicos sobre los dinosaurios?

Matemáticas

Comparar los tamaños de los dinosaurios

Por medio de los fósiles, los científicos saben que los dinosaurios eran de diferentes tamaños. El Compsognathus tenía casi 2 pies de largo. El Scelidosaurus tenía casi 12 pies de largo. El Stegosaurus fue el más grande, tenía casi 20 pies de largo.

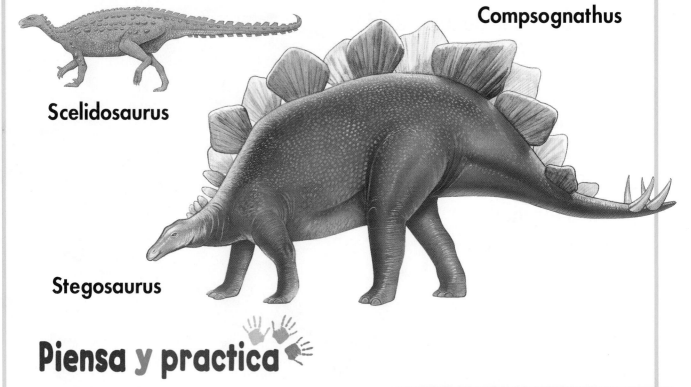

Compsognathus

Scelidosaurus

Stegosaurus

Piensa y practica

Haz una gráfica de barras para comparar las longitudes de estos dinosaurios. Luego, usa tu gráfica para decir qué dinosaurio fue el más grande y cuál fue el más pequeño.

Longitudes de los dinosaurios										
Compsognathus										
Scelidosaurus										
Stegosaurus										

0 2 4 6 8 10 12 14 16 18 20

No más Brontosaurus

Los paleontólogos hallaron fósiles de un tipo de dinosaurio llamado Apatosaurus. Luego, hallaron fósiles de huesos que se parecían aunque eran más grandes. Ellos pensaron que habían encontrado un tipo diferente de dinosaurio y lo llamaron Brontosaurus.

Más tarde, los científicos descubrieron que ambos fósiles eran de los huesos del Apatosaurus. El nombre Brontosaurus ya no se utiliza.

Piensa y practica

Investiga cómo sería tratar de armar fósiles. Dibuja dos ilustraciones del mismo tipo de animal, pero haz uno más grande. Recorta cada parte del cuerpo. Mezcla las partes de ambos animales. Intercámbialas con un compañero de clases. Trata de armar las dos ilustraciones de tu compañero de clases.

Di lo que sabes

1. Di lo que sabes sobre cada ilustración.

Vocabulario

Usa las palabras que describen la ilustración.

2. fósil

3. dinosaurio

4. extinto

5. Triceratops

6. paleontólogo

Uso de las destrezas de ciencias

7. Hacer un modelo Esto es un fósil trilobita. Un trilobita fue un animal que vivió en el océano hace millones de años. Tenía de 8 a 10 centímetros de largo, es decir, de 3 a 4 pulgadas de largo.

Usa arcilla y una punta de lápiz para hacer un modelo de un fósil trilobita. Usa tu modelo para hablarle a un compañero de clase sobre los trilobitas.

8. Inferir La tabla muestra los dientes de dos dinosaurios. Copia la tabla. Escribe qué comía cada uno y cómo lo sabes.

Dientes de dinosaurio y qué comían los dinosaurios			
Dinosaurio	Forma del diente	Qué comía	Cómo lo sé
Tyrannosaurus			
Triceratops			

Haz pinturas de acuarela

1. Haz una pintura con acuarela. Deja que la pintura se seque.

2. Observa el papel. ¿Qué le pasó al agua en la pintura? ¿Qué puedes decir?

3. Escribe sobre lo que observas.

Estudio de los nutrientes de la tierra

1. Con un adulto, recolecta unos seres vivos como una mora, un palito y una hoja.

2. Entierra cada objeto afuera en un hueco de casi 4 pulgadas de profundidad.

3. Marca cada lugar. Revisa los objetos una vez a la semana durante cuatro semanas.

4. Anota lo que observas.

5. Saca una conclusión.

Agua en la tierra

1. Coloca un poco de tierra en una toalla de papel.

2. Déjala allí por media hora.

3. Sacude la tierra. ¿Qué quedó en la toalla?

4. Comunica tus hallazgos a tus compañeros de clase.

Haz una colección de rocas

1. Recolecta algunas rocas.

2. Observa las rocas y decide cómo quieres clasificarlas.

3. Pega en grupos las rocas en pedazos de cartulina. Rotula cada grupo.

4. Comparte tu colección de rocas.

rocas de colores claros

rocas de colores oscuros

REDACCIÓN

Datos sobre huellas

Elige un dinosaurio para aprender más sobre él. Escribe datos. Dibújalo en una huella de dinosaurio. Agrega tu redacción a la "pista de dinosaurio" de la clase.

LECTURA

Los fósiles nos hablan del pasado
por Aliki

¿Qué tipo de fósiles han encontrado las personas en las montañas? Comparte lo que aprendes.

CENTRO DE COMPUTACIÓN

Visita *The Learning Site* en www.harcourtschool.com/science/spanish

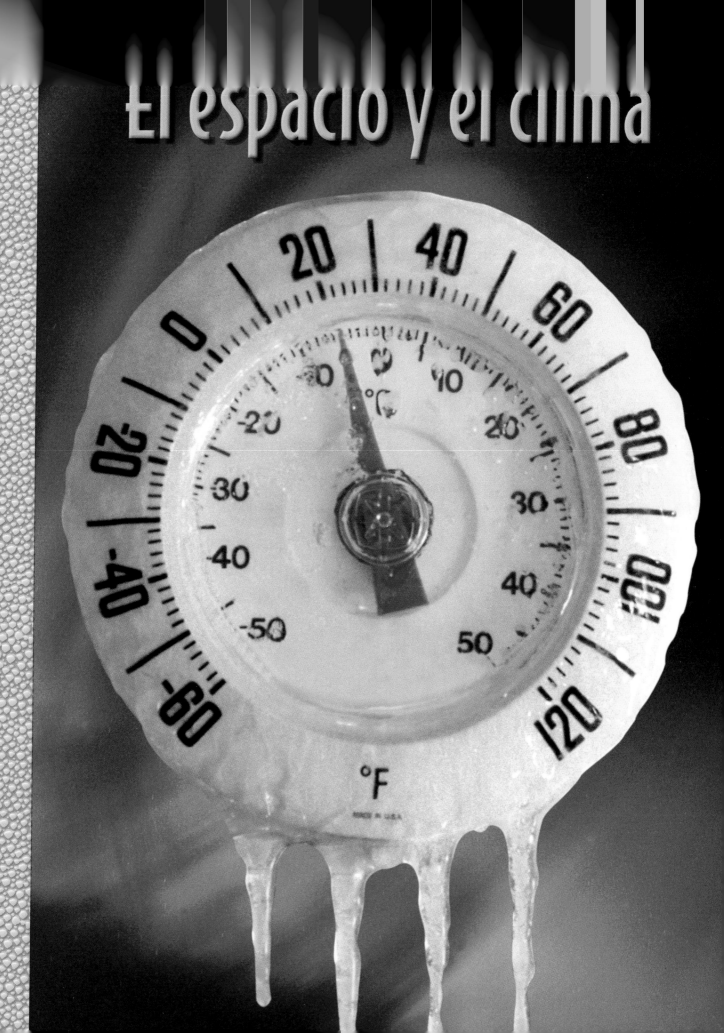

El espacio y el clima

El espacio y el clima

PROYECTO DE LA UNIDAD

Estación meteorológica

Mantente informado del clima.
Establece una estación
meteorológica en el salón de
clases.

El Sol, la Luna y las estrellas

Vocabulario

el Sol
energía
energía solar
rotación
órbita
estación
Luna
luz de la Luna
cráter
constelación

¿Lo sabías?

El **Sol** es tan grande que más de un millón de Tierras podrían caber en él.

¿Lo sabías?

La **Luna** no tiene ni aire ni agua y el cielo siempre es negro.

¿Qué causa el día y la noche?

 Investigación

Dónde está el Sol

Materiales

papel y lápiz

Dónde está el Sol			
	Día 1	Día 2	Día 3
10:00 a.m.			
2:00 p.m.			

1 Observa dónde está el Sol en la mañana. Anota.

CUIDADO ¡Cuidado! Nunca mires directamente al Sol.

3 Observa el Sol a las mismas horas durante 2 días más. Anota.

4 ¿Qué patrón ves?

2 Observa el Sol desde el mismo sitio en la tarde. Anota dónde está ahora.

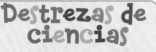

Destrezas de ciencias

Un patrón de algo que pasa una y otra vez en un mismo lugar y al mismo tiempo es una relación de tiempo y espacio.

El día y la noche

Todos los días, pareciera que el sol se moviera cruzando el cielo. En realidad, el sol no cruza el cielo; es la Tierra la que se mueve. Tenemos el día y la noche porque la Tierra está en movimiento.

amanecer

mediodía

atardecer

El Sol

El **Sol** es la estrella más cercana a la Tierra. El Sol es mucho más grande que la Tierra. Se ve pequeño sólo porque está muy lejos.

El Sol está compuesto de gases calientes. Los gases son tan calientes, que liberan luz y calor. La luz y el calor son tipos de **energía** porque pueden provocar cambios y realizar trabajos.

Sol

La mayoría de los seres vivos en la Tierra, usan la **energía solar** o la luz y el calor del Sol. Las plantas usan la luz solar para fabricar alimento. Las personas y los animales usan su luz durante el día. El calor solar calienta el agua, el suelo y todos los seres vivos de la Tierra.

■ **¿Cómo se ve el Sol aquí?**

La rotación de la Tierra

La Tierra tiene la forma de una esfera o una pelota. Gira sobre sí misma dando vueltas y vueltas en el espacio. El movimiento de la Tierra se llama **rotación** y tarda cerca de 24 horas para que la Tierra gire o rote una vuelta completa. Una rotación completa de la Tierra es un día.

Estados Unidos

día

Austin, Texas
de día

■ ¿En qué parte de la Tierra es de día?

El Sol brilla todo el tiempo, pero no siempre en la parte de la Tierra donde te encuentras. La rotación de la Tierra hace, que cada parte de la Tierra, tenga luz y oscuridad cada día.

Cuando un lado de la Tierra está de cara al Sol, ese lado está iluminado; es de día. El otro lado de la Tierra está obscuro y es de noche.

Estados Unidos

noche

Austin, Texas de noche

Piénsalo

1. ¿Qué es el Sol?

2. ¿Por qué la Tierra tiene el día y la noche?

¿Qué causa las estaciones?

Cómo la luz solar llega a la Tierra

Materiales

una pelota
con un lápiz

lámpara

1 Inclina la pelota para que la parte de arriba del lápiz apunte hacia la luz.

2 ¿Se ve la luz más brillante arriba o abajo de la pelota? Anota.

3 Mueve la pelota al otro lado de la luz. Mantén la inclinación.

4 Observa dónde se ve más brillante la luz ahora. Anota y comenta.

Destrezas de ciencias
Para observar la luz aquí, sólo necesitas tu sentido de la vista.

Qué causa las estaciones

La Tierra rota sobre una línea imaginaria llamada eje. La Tierra se inclina sobre este eje. Al mismo tiempo, la Tierra se mueve alrededor del Sol. Por estas razones, la Tierra tiene diferentes estaciones.

la luz del Sol

América del Norte

América del Sur

La Tierra gira alrededor del Sol

La Tierra se mueve en una **órbita** alrededor del Sol. La Tierra tarda un año en darle la vuelta al Sol. Mientras la Tierra gira alrededor del Sol, las estaciones cambian. Una **estación**, es la época del año que tiene un clima determinado.

Tierra

otoño

Sol

invierno

■ Observa dónde se encuentra la Tierra durante el verano. ¿Hacia dónde se movió durante el invierno?

verano

primavera

Por qué cambian las estaciones

La Tierra siempre está inclinada en la misma dirección. Cuando la Tierra está en uno de los lados del Sol, parte de la Tierra le da la cara al Sol, recibiendo así, la luz solar, en una forma más directa. Es verano en esta parte de la Tierra.

■ **¿La Tierra tiene la misma o diferente inclinación en primavera y verano?**

primavera

verano

Cuando la Tierra se mueve hacia el otro lado del Sol, la Tierra sigue inclinada en la misma dirección. Entonces, esta inclinación hace que esta misma parte de la Tierra le dé la cara al Sol, conservando la inclinación. La luz solar no llega a la Tierra directamente. Es invierno en esta parte de la Tierra.

Piénsalo

1. ¿Cómo gira la Tierra alrededor del Sol?
2. ¿Por qué cambian las estaciones?

otoño

invierno

LECCIÓN 3

¿Cómo se mueve y cambia la Luna?

Investigación

La luz de la Luna

Materiales

una pelota
de estireno

papel de
aluminio

lápiz

linterna

1 Con un compañero, cubre la pelota con el papel de aluminio. Entierra el lápiz en ella para hacer un asa.

2 Observa cómo se ve la pelota en la oscuridad. Dibújala.

3 Sostén la pelota por el asa. Pide a tu compañero que enfoque la linterna en la pelota. Dibújala y compara.

Destrezas de ciencias

Cuando comparas, tú dices en qué se parecen y se diferencian dos cosas.

La luz de la Luna

La **Luna** es el objeto más grande que puedes ver en el cielo durante la noche. Parece que brilla pero, en realidad, la Luna no emite su propia luz. La **luz de la Luna** proviene del Sol.

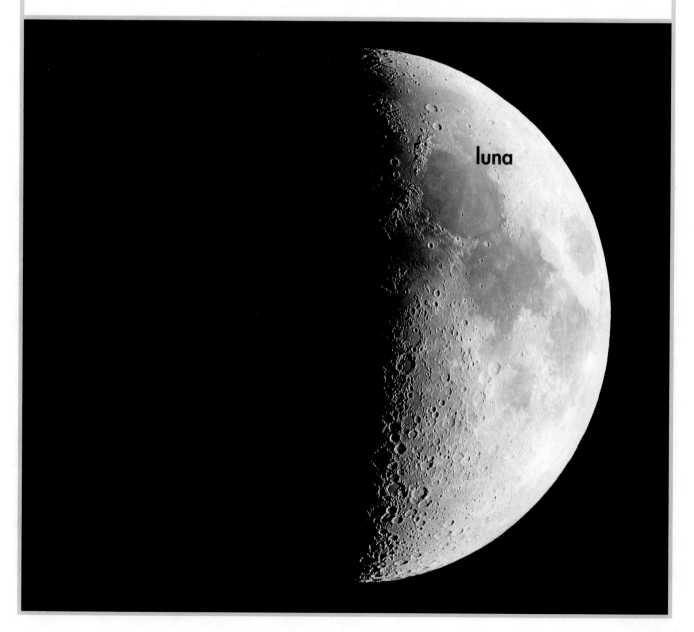

luna

La Luna

La Luna es una roca enorme en forma de bola que gira alrededor de la Tierra. Le toma unos 29 días dar la vuelta alrededor de la Tierra.

Cuando miramos la Luna, pareciera que tuviera manchas. Algunas manchas son huecos llamados cráteres. Un **cráter** se forma cuando una roca inmensa que se mueve en el espacio, cae sobre la Luna.

■ ¿Qué parte de la Luna ilumina el Sol?

Tierra

Luna

Sol

cráter

Los astronautas exploran el espacio y han ido a la Luna. Han visto los cráteres y el polvo gris que cubre la Luna. Han llevado rocas lunares a la Tierra. El astronauta David Scott fue el comandante de la misión lunar *Apolo 15*.

■ ¿Qué crees que vio este astronauta?

Parece que la Luna cambia de forma

La órbita lunar hace que la Luna pareciera cambiar de forma. Al comienzo de la órbita lunar, la Luna se encuentra entre el Sol y la Tierra. El Sol brilla directamente sobre la parte de la Luna que le da la cara. No podemos ver esta luna nueva desde la Tierra.

En una semana, la Luna está a un cuarto de camino de su órbita. Desde la Tierra, la Luna se ve como un medio círculo.

En dos semanas, la Luna está a medio camino de su órbita. Ahora, la Tierra está entre el Sol y la Luna. Desde la Tierra, la Luna se ve como un círculo completo.

En tres semanas, la Luna está, de nuevo, a tres cuartos de su camino. En cuatro semanas, la Luna está donde comenzó.

Luna nueva

■ ¿Por qué no podemos ver la Luna nueva?

Luna
llena

cuarto
menguante

Piénsalo

1. ¿Qué hace que la Luna parezca brillar?
2. ¿Por qué parece que la Luna cambiara de forma?

¿Qué podemos ver en el cielo nocturno?

Investigación

Ilustraciones de estrellas

Materiales

vasos de "estrellas" | linterna | papel negro | cinta adhesiva

1. Pega el papel a la pared y escoge uno de los vasos.

2. Apunta el fondo del vaso hacia el papel.

3. Apunta la linterna a través del vaso. ¿Qué ves? Anota.

4. Repite con los otros vasos. Comunica a tus compañeros lo que observaste.

Destrezas de ciencias

Cuando te comunicas, tú les cuentas a los demás lo que piensas por medio de lo que escribes, dibujas o hablas.

El cielo nocturno

En una noche clara, puedes ver muchas estrellas. Se ven como pequeños puntos luminosos en el cielo obscuro. Las estrellas son mucho más grandes que la Tierra. Se ven pequeñas porque están muy lejos.

Las estrellas y los planetas

Las estrellas son esferas grandes de gases calientes. Los gases calientes emiten luz. Esta luz es lo que vemos desde la Tierra. Las estrellas parecieran titilar.

Algunas estrellas parecen más brillantes que otras. Se pueden ver más brillantes porque son más grandes o más calientes. También pueden verse más brillantes porque están más cerca de la Tierra.

■ ¿Qué más puedes ver en el cielo nocturno?

cometa

La Vía Láctea

planeta Marte

También pudieras ver algunos planetas en el cielo nocturno. Los planetas también se pueden ver más grandes y más brillantes que las estrellas y no titilan. No emiten su propia luz como lo hacen las estrellas.

Algunas personas usan telescopios para mirar el cielo nocturno. Un telescopio hace que las cosas se vean más cercanas y más grandes.

■ ¿Cómo pueden verse las estrellas a través de un telescopio?

Las constelaciones

Hace tiempo, las personas vieron grupos de estrellas que parecían formar figuras. Le dieron nombres a estas diferentes figuras estelares. Un grupo de estrellas que forma una figura estelar se llama **constelación**.

Osa Menor

Osa Mayor

En todo el cielo existen unas 88 constelaciones. Hay una constelación llamada el Carro Mayor. Es un grupo de siete estrellas que al juntarse, forman la figura de un carro.

■ ¿A qué se parecen estas constelaciones?

Orión

Piénsalo

1. ¿Qué cosas puedes ver en el cielo nocturno?
2. ¿Qué es una constelación?

Matemáticas

Usar un calendario

La mayoría de los lugares en la Tierra tienen cuatro estaciones del año. Cada estación del año comienza alrededor del mismo día cada año. La mayoría de los calendarios muestran la fecha cuando la estación comienza.

Piensa y practica

Haz una tabla como ésta. Mira un calendario para saber cuándo comienza cada estación del año. Escribe la fecha. Luego observa el diagrama en las páginas D12 y D13. Haz un dibujo en tu tabla que muestre dónde se encuentra la Tierra en relación al Sol en cada estación del año.

Dónde se encuentra la Tierra en sus diferentes estaciones del año		
Estación del año	Cuando comienza	Dónde se encuentra la Tierra
primavera		☼
verano		☼
otoño		☼
invierno		☼

Hallar la estrella polar

Por cientos de años, los marineros usaron las estrellas para encontrar su camino. La estrella más importante para ellos era la estrella polar. Los marineros sabían que cuando ellos observaban la estrella polar, se encontraban de frente al norte.

Piensa y practica

Busca la estrella polar de la misma manera en que los marineros lo hacían. Primero, observa el Carro mayor en la ilustración.

Carro mayor

Carro menor

Luego, busca las dos estrellas que se encuentran frente al carro. Ellas se alinean con el Carro menor. Por último, busca la estrella brillante en la punta del manubrio del Carro menor. Ésa es la estrella polar.

Di lo que sabes

1. Usa la ilustración para hablar de la Luna y por qué parece cambiar de forma. Usa las palabras *Sol, luz de la Luna, Luna* y *cráter*.

Vocabulario

Usa las palabras para describir cada ilustración.

2.

el Sol
energía solar

3.

rotación

4.

órbita
estación del año

5.

constelación

Uso de las destrezas de ciencias

6. **Comparar** Piensa en el verano y en el invierno donde vives. ¿Es mas cálido en el verano o en el invierno? ¿Hay más horas de luz solar en el verano o en el invierno? ¿Cómo lo sabes?

   Escribe tres oraciones en las que compares el verano y el invierno. También puedes hacer dibujos.

7. **Relacionar el tiempo y el espacio** La Luna gira alrededor de la Tierra en unos 29 días. A medida que la Luna se mueve, parece que cambiara de forma. Escoge tres ilustraciones de la Luna en las páginas D20 y D21. Para cada una, haz un dibujo que muestre dónde se encuentran el Sol, la Luna y la Tierra cuando la Luna se ve de esa manera.

CAPÍTULO 2

El clima de la Tierra

Vocabulario

clima

ciclo del agua

evaporar

vapor de agua

termómetro

temperatura

estrato

cirros

cúmulo

¿Lo sabías?

La **temperatura** más alta registrada en los Estados Unidos fue de 134°F (alrededor de 57°C) en Death Valley, California, el 10 de julio de 1913.

¿Lo sabías?

El **clima** más ventoso y más frío en la Tierra se halla en la Antártica.

¿Cómo cambia el clima?

Los cambios del clima

Materiales

papel

marcadores

Clima	
Lunes	
Martes	
Miércoles	
Jueves	
Viernes	

1 Haz una tabla del clima como la anterior.

2 Observa el clima cada día. Anota lo que observas.

3 ¿Qué tipos de cambios observaste en el clima? Comparte tu información.

Destrezas de ciencias

Cuando observas el clima, puedes usar la vista, la audición, el olfato y el tacto.

Cambios en el clima

Las condiciones en las que se encuentra el aire afuera se llama **clima**. El aire puede estar caliente o frío. También puede estar lluvioso, soleado, con viento o nublado. El tiempo puede cambiar con rapidez.

Primavera

En muchos lugares, el clima cambia de estación a estación. En la primavera, el aire es más caliente. En algunos lugares la primavera es también lluviosa. El clima más caliente y más húmedo ayuda a las plantas a formar hojas nuevas y flores.

■ ¿Cómo es el clima de primavera en estas ilustraciones?

Verano

El verano es la época más cálida del año. Los días de verano son, a menudo, calientes y soleados. En algunos lugares, las tormentas hacen que el clima cambie rápidamente.

■ **¿Cómo podría cambiar el clima aquí? ¿Cómo lo sabes?**

Otoño

En el otoño, el aire se enfría. Algunos días de otoño son nublados pero otros son soleados y claros. En el otoño, las hojas de algunos árboles cambian de color y caen. Algunas plantas mueren.

■ ¿Cómo se diferencia el clima en estos días de otoño?

Invierno

El invierno es la época más fría del año. En muchos lugares, hace tanto frío que cae nieve. En estos lugares, los árboles y arbustos pierden todas sus hojas.

En otros lugares, no hace tanto frío durante el invierno y no llegan a tener nieve. En estos lugares, muchos árboles permanecen verdes y siguen dando flores.

Piénsalo

1. ¿Cómo cambia el clima día tras día?

2. ¿Cómo cambia el clima de estación a estación?

¿Qué es el ciclo del agua?

Investigación

El agua está en el aire

Materiales

2 bolsas con cierre

agua con colorante

cinta adhesiva

1 Llena cada bolsa por la mitad con agua. Cierra las bolsas.

2 Pega con cinta adhesiva una bolsa a la ventana donde dé el Sol. Pega la otra a una ventana donde dé sombra.

3 Después de 30 minutos, observa ambas bolsas. ¿Cuál bolsa muestra más cambio?

4 Infiere lo que causó el cambio.

Destrezas de ciencias

Cuando infieres, piensas sobre lo que observas y determinas lo que sucedió.

El ciclo del agua

El agua se mueve del aire a la tierra y regresa al aire. La forma en que el agua hace esto, una y otra vez, se conoce como el **ciclo del agua**.

Cómo funciona el ciclo del agua

 4 Las gotas de agua se unen y forman nubes.

3 El vapor de agua se condensa o se convierte en pequeñas gotas de agua.

 2 Este gas o **vapor de agua**, choca con el aire frío.

 1 El calor del Sol hace que el agua se **evapore** o se convierta en gas.

océano

Las gotas de agua se hacen pesadas y caen en forma de lluvia o nieve.

 La lluvia y la nieve derretida van a los arroyos, lagos y océanos.

montaña

arroyo

Piénsalo

1. ¿Qué es el ciclo del agua?

2. ¿Cómo el agua llega al aire?

¿Cómo medimos las condiciones del clima?

La temperatura afuera

Materiales

termómetro

papel y lápiz

Temperatura	
Lunes	
Martes	
Miércoles	
Jueves	
Viernes	

1 Haz una tabla como ésta.

2 Cada día a la misma hora, lee el termómetro. Anota la temperatura.

3 Usa tus datos para contestar estas preguntas. ¿Subió la temperatura? ¿Bajó? ¿Qué patrón ves?

Destrezas de ciencias

Puedes usar datos para buscar un patrón de temperatura.

Medir las condiciones climáticas

Las condiciones climáticas se pueden medir con instrumentos. Algunos instrumentos nos dicen qué tan caliente está el aire. Otros dicen qué tan fuerte sopla el aire o cuánta lluvia ha caído.

Cómo los científicos miden las condiciones climáticas

Los científicos llamados meteorólogos, usan instrumentos para medir las condiciones climáticas. Un **termómetro** mide la temperatura. La **temperatura** es la medida de qué tan caliente o frío está el aire. Los científicos usan un pluviómetro para medir cuánta lluvia o nieve ha caído.

Un anemómetro mide la velocidad del viento. Una veleta muestra la dirección en la que sopla el viento. Señala la dirección de donde viene el viento.

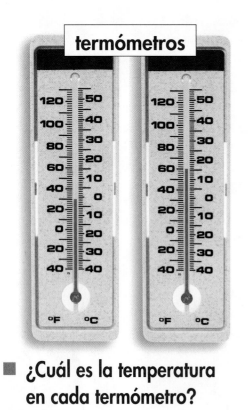

termómetros

■ ¿Cuál es la temperatura en cada termómetro?

veleta

pluviómetro

estación climática

Medir las condiciones climáticas ayuda a las personas a saber cómo vestirse cuando tienen que salir. También, ayuda a los científicos a observar patrones y predecir el tiempo. Pueden decirle a las personas que se preparen cuando una gran tormenta se acerca.

Las nubes y el clima

Mirar las nubes es otra forma en que las personas predicen el tiempo. Las nubes dan pistas sobre los cambios del clima.

Los estratos, los cirros y los cúmulos son tres clases de nubes. Las nubes grises y bajas que atraviesan el cielo son los **estratos**. Generalmente, producen lluvia o nieve. Las nubes delgadas, que parecen plumas y se encuentran en el alto del cielo, son los **cirros**. En un día soleado podríamos ver nubes en forma de cirros.

nubes en forma de estratos

¿Qué tipo de clima traerán las nubes en forma de estratos?

nubes en forma de cirros

Las nubes que parecen suaves copos de algodón son los **cúmulos**. Podemos verlas cuando hace buen tiempo. Cuando los cúmulos se juntan y se oscurecen, pueden provocar una tormenta.

Piénsalo

1. ¿Cómo podemos medir las condiciones climáticas?
2. ¿Cómo las nubes nos pueden ayudar a predecir el tiempo?

Matemáticas

Medir la lluvia

Este pluviómetro mide la cantidad de lluvia que cae. Lo usan los meteorólogos o los científicos en el Servicio Nacional del Clima. El pluviómetro tiene una botella que recoge lluvia. También tiene una regla que mide cuántas pulgadas de lluvia caen.

Una meteoróloga revisa el pluviómetro cada día e introduce los datos en una computadora. Luego los periódicos y la televisión usan esta información para sus reportes del clima.

Piensa y practica

Mide cuánta lluvia cae. Construye un pluviómetro como éste. Coloca tu pluviómetro afuera antes de que llueva. Cuando la lluvia deje de caer, leelo. La regla mostrará cuánta lluvia cayó. Anota y haz un reporte con tus datos.

 **Literatura**

Un poema sobre el clima

Los poetas usan palabras para crear imágenes en la mente de los lectores. Estas imágenes en palabras son poemas. La siguiente canción la ofrecemos como ejemplo.

Qué llueva

Qué llueva, qué llueva,
el sapo está en la cueva,
los pajaritos cantan,
las nubes se levantan.
¡Qué sí! ¡Qué no!
¡Qué caiga un chaparrón!

Piensa y practica

Escribe un poema sobre el tipo de clima que más te gusta. Usa la imagen mental que tengas para ayudarte a escoger las palabras. Lee el poema a un compañero de clases. ¿Tu compañero de clases se puede imaginar lo que dice tu poema?

REPASO

Di lo que sabes

1. ¿Cómo es el clima en esta estación del año?

2. ¿Cómo puedes usar este instrumento para medir las condiciones del clima?

3. Si ves estas nubes, ¿qué tipo de clima puedes esperar?

Vocabulario

Usa estas palabras para completar las oraciones.

| cirros | ciclo del agua | termómetro | estrato |
| temperatura | cúmulo | evapora | |

4. Un _____ mide la _____, o lo cálido que es el aire.

5. Tres tipos de nubes son: _____, _____, y _____.

6. La manera en que se mueve el agua de la tierra al aire y viceversa se llama el _____.

7. Cuando el agua se _____, se convierte en vapor de agua.

Uso de las destrezas de ciencias

8. Observar/Predecir Mira las nubes a través de una ventana. ¿Qué tipo de nubes son? ¿Qué tipo de clima crees que habrá? Escribe lo que predices en una hoja de papel. Al día siguiente, fíjate si estabas correcto.

Usa las nubes para predecir el clima durante cinco días seguidos. ¿Cuántas veces acertaste?

9. Observar/Recopilar datos Mira afuera cada día durante cinco días. Observa con qué fuerza sopla el viento. Luego usa las ilustraciones para hallar qué tipo de viento es. Anota tus datos en una tabla.

sin viento

brisa

viento

viento fuerte

Traza tu sombra

1. En una mañana soleada, pídele a un compañero de clases que use una tiza para trazar tu sombra en la acera.

2. Escribe la hora del día sobre la sombra trazada y predice cómo se verá más tarde en el día.

3. En la tarde, traza una nueva sombra. Compara.

¿Cuál toalla de papel se seca primero?

1. Con un familiar o un compañero de clases, moja tres toallas de papel.

2. Coloca cada toalla en un lugar diferente.

3. Predice cuál toalla se secará primero

4. Revisa las toallas cada 15 minutos. ¿Cuál se seca primero? ¿de último? ¿Por qué?

Observa el cielo nocturno

1. Con un adulto, sal en una noche clara.

2. Busca la Luna. ¿Qué forma tiene?

3. Haz dibujos de lo que observas.

4. Repite esta actividad en una semana.

5. Comunica en qué se diferencian tus ilustraciones y por qué.

Haz impresiones del Sol

1. Recorta dos figuras de cartulina.

2. Coloca las figuras sobre papel negro.

3. Con un adulto, ve afuera. Coloca una hoja de papel en la sombra y la otra en el Sol.

4. Después de varias horas, quita los recortes de papel negro. ¿Por qué piensas que esto sucedió?

Pregunta
¿Qué constelación parece un carro grande?

Respuesta
El Carro mayor

REDACCIÓN

Tarjetas Escribe preguntas en tarjetas para mostrarlas a tus compañeros de clases. Escribe la pregunta en un lado y la respuesta en el otro.

LECTURA

De sol a sol
por Gail Gibbons

¿Cómo contribuye el Sol en los cambios del clima? Comparte datos del Sol con tus compañeros de clases.

CENTRO DE COMPUTACIÓN
Visita *The Learning Site* en
www.harcourtschool.com/science/spanish

Explorar la materia

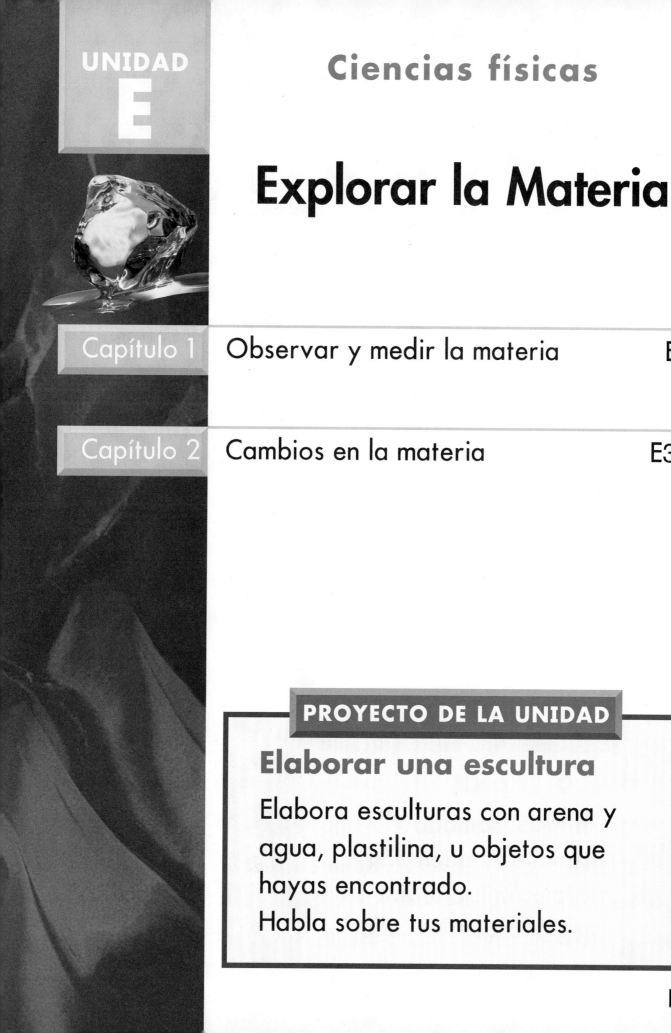

UNIDAD

E

Ciencias físicas

Explorar la Materia

PROYECTO DE LA UNIDAD

Elaborar una escultura

Elabora esculturas con arena y agua, plastilina, u objetos que hayas encontrado.
Habla sobre tus materiales.

Observar y medir la materia

Vocabulario

materia

propiedad

masa

sólido

centímetro

líquido

mililitro

gas

¿Lo sabías?

Un **gas** llamado propano es quemado para calentar el aire en un globo de aire caliente.

¿Lo sabías?

Un **sólido** que pesa 100 libras en la Tierra pesaría sólo 17 libras en la Luna.

¿Qué es la materia?

La materia

Materiales

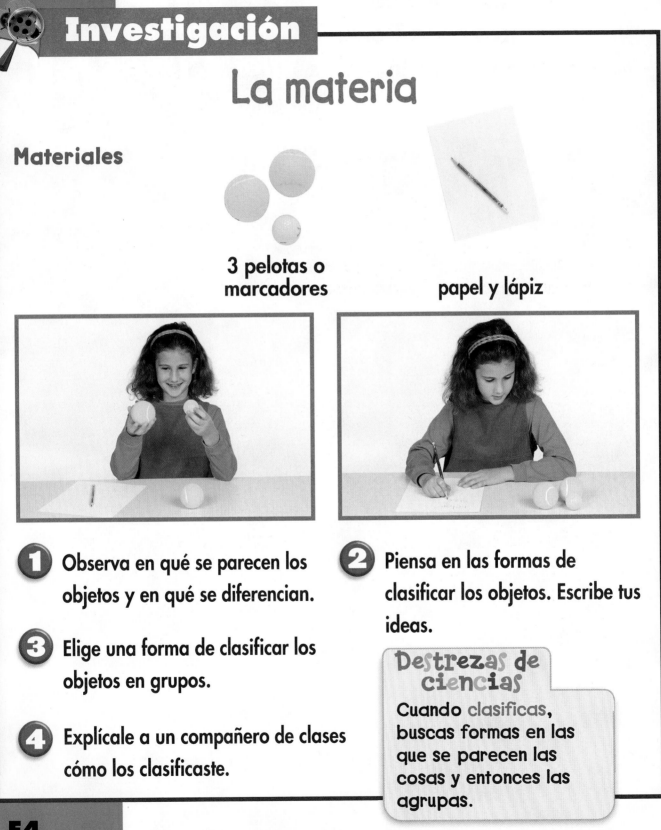

3 pelotas o
marcadores

papel y lápiz

1 Observa en qué se parecen los objetos y en qué se diferencian.

2 Piensa en las formas de clasificar los objetos. Escribe tus ideas.

3 Elige una forma de clasificar los objetos en grupos.

4 Explícale a un compañero de clases cómo los clasificaste.

Destrezas de ciencias

Cuando clasificas, buscas formas en las que se parecen las cosas y entonces las agrupas.

La materia

La **materia** es de lo que están compuestas todas las cosas. Los árboles, la leche y el aire están compuestos por materia. Hasta tú estás compuesto por materia. ¿Cuántos tipos diferentes de materia ves aquí?

Formas de la materia

La materia tiene tres formas. Puede ser sólida, líquida o gaseosa. Los sombreros de fiesta, el tazón y la silla son sólidos. El jugo en el tazón es líquido. El aire en los globos es gaseoso.

sólidos

■ ¿En qué se parecen los objetos de estas dos páginas y en qué se diferencian?

líquido

gas

Propiedades de la materia

La materia tiene ciertas propiedades. Una **propiedad** es una cualidad de algo. El color, el tamaño y la forma son propiedades de la materia.

La materia tiene otras dos propiedades. La materia ocupa espacio y tiene masa. La **masa** de un objeto es la cantidad de materia que tiene.

Piénsalo

1. ¿Qué es la materia y cuáles son sus formas?
2. ¿Cuáles son algunas propiedades de la materia?

¿Qué podemos descubrir sobre los sólidos?

Los sólidos

Materiales

4 objetos

balanza

papel y lápiz

1 Usa la balanza para determinar cuál de los objetos tiene más masa.

2 Ordena los objetos de menor a mayor masa.

3 Haz un cuadro que muestre los objetos ordenados de menor masa a mayor masa.

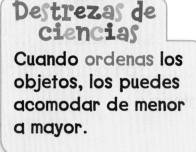

Destrezas de ciencias

Cuando ordenas los objetos, los puedes acomodar de menor a mayor.

Los sólidos

Un sólido es un tipo de materia. Como toda la materia, ocupa espacio y tiene masa. Un **sólido** es la única forma de materia con forma propia.

Descubre los sólidos

Todos los objetos que ves aquí son sólidos. Son diferentes en color, tamaño y forma. Tienen texturas diferentes. La textura es como algo se siente.

Es importante la manera en que se parecen los sólidos. Cada uno tiene su propio tamaño y forma. Un sólido no cambiará su tamaño o forma a menos que hagas algo como cortarlo, doblarlo o romperlo.

■ ¿En qué se parecen estos objetos y en qué se diferencian?

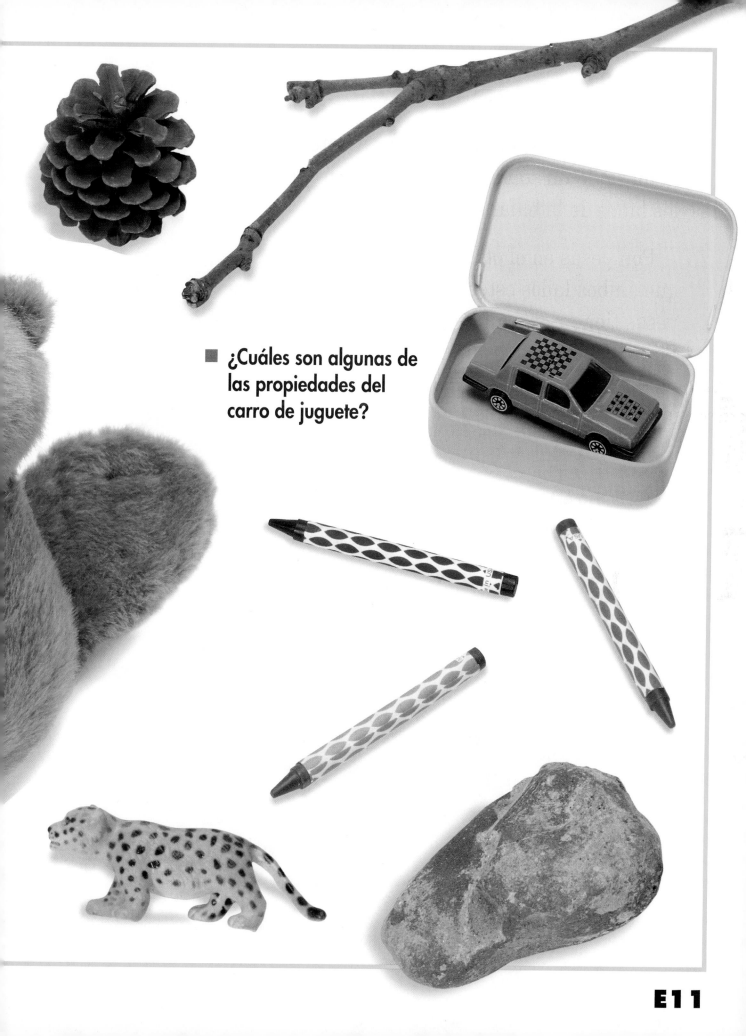

■ ¿Cuáles son algunas de las propiedades del carro de juguete?

Medir sólidos

Una balanza te puede ayudar a determinar la masa de un sólido. Pon el sólido en uno de los lados de la balanza.

Pon pesas en el otro lado hasta que ambos lados estén iguales. Las pesas tienen unos números. Súmalos para determinar cuántas pesas igualan la masa del sólido.

■ **¿Qué usa esta niña para medir la masa del juguete?**

Tú puedes medir el largo y el ancho de un sólido. También puedes medir su entorno.

Un **centímetro** es una unidad que se usa para medir la longitud. Puedes usar centímetros para hallar la longitud de un sólido.

centímetro

■ ¿Qué usa el niño para medir la madera?

¿Cuántos centímetros de longitud?	
Objeto	Número de Centímetros
caja	28
madera	27

Piénsalo

1. ¿En qué se parecen todos los sólidos?
2. ¿Cómo puedes medir la longitud de un sólido?

¿Qué podemos descubrir sobre los líquidos?

Los líquidos

Materiales

marcador

agua de 3 colores

taza de medir

3 envases

1 En cada uno de los envases traza una línea a la misma altura. Llénalos de agua hasta la altura de la línea.

2 Pon el agua de uno de los envases en la taza de medir. Mide y anota el número de la taza.

3 Repite el Paso 2 para las otras botellas.

4 Compara los números. ¿Qué puedes inferir?

Destrezas de ciencias

Puedes usar una taza de medir para medir la cantidad de un líquido.

Los líquidos

Un **líquido** es un tipo de materia que no tiene forma propia. Fluye para tomar la forma de su envase. Al igual que un sólido, un líquido ocupa espacio y tiene masa. Puedes verlo y sentirlo.

Descubre los líquidos

El líquido dentro de una botella toma la misma forma de ésta. Si inclinas la botella, el líquido cambia de forma. Si se vierte el líquido de la botella a un vaso, éste toma la forma del vaso.

■ ¿Qué forma toma la miel?

La cantidad de un líquido no cambia, a menos que le agregues más o le quites un poco. Si lo pones en un vaso, la cantidad de líquido permanece igual.

■ ¿Cómo ha cambiado la forma del líquido aquí?

Medir líquidos

Al igual que los sólidos, los líquidos tienen masa. Un envase lleno de líquido, tiene más masa que el mismo envase sin líquido. Tú puedes medir la masa de un líquido poniéndolo en una balanza.

■ ¿Cuál de los vasos tiene más masa? ¿Cómo lo sabes?

También puedes medir el volumen de un líquido. El volumen es la cantidad de espacio que ocupa un líquido. Un **mililitro** es una unidad que se usa para medir el volumen de un líquido.

Volumen en mililitros	
Líquido	Número de Mililitros
jugo de manzana	75 mililitros
jugo de naranja	150 mililitros

Piénsalo

1. ¿Cuáles son las dos propiedades de los líquidos?

2. ¿Cómo puedes medir un líquido?

¿Qué podemos descubrir sobre los gases?

Investigación

Los gases

Materiales

agua   vaso   toalla de papel

 Coloca una toalla de papel en el fondo del vaso. Asegúrate de que no se mueva.

 Pon el vaso al revés y mételo debajo del agua.

3 Observa el vaso. ¿Tiene agua adentro? Levanta el vaso y sácalo del agua.

4 Infiere lo que pasó.

Destrezas de ciencias

Cuando infieres, usas lo que sabes y lo que observas para explicar lo que sucedió.

Los gases

Al igual que toda la materia, el gas ocupa espacio y tiene masa. Al igual que un líquido, el gas toma la forma de su envase. El **gas** es la única materia que siempre llena todo el espacio de un envase.

Las formas que toman los gases

Cuando llenas una pelota de fútbol de aire, éste se dispersa en su interior. El aire llena el espacio de su envase y toma la forma redonda de la pelota.

■ ¿Qué forma tiene el aire dentro de la burbuja?

El aire

El aire está compuesto por gases y está por todas partes. A menudo, no puedes ver ni sentir el aire pero puedes ver lo que hace. El aire puede levantar una cometa y llenar los flotadores para nadar.

■ ¿Cómo usa el aire esta niña?

Medir gases

Como toda materia, los gases tienen masa. Tú puedes medir la masa de un gas atando globos a la punta de una vara. Un globo lleno de aire es más pesado que uno sin aire.

■ ¿Cómo sabes que el globo lleno de aire es más pesado?

Un inventor es el que hace algo nuevo para solucionar un problema. Garret Morgan fue un inventor. Él sabía que algunos gases eran dañinos, así que inventó una máscara de gas para proteger a los bomberos contra estos gases.

máscara de gas

Piénsalo

1. ¿Qué es un gas?
2. ¿Cómo puedes medir un gas?

E25

Hallar figuras sólidas

En matemáticas, las figuras que no son planas se llaman sólidos. Esferas, cubos y cilindros son figuras sólidas. Una esfera tiene la forma de una pelota. Un cubo tiene la forma de una caja. Un cilindro tiene la forma de una lata. Muchos de los objetos sólidos que tú ves tienen estas formas.

esfera

cubo

cilindro

Piensa y practica

Haz una tabla. Busca objetos en tu salón de clases que sean iguales a las tres figuras. Dibuja cada objeto y rotúlalo.

Figuras sólidas		
Esfera	Cubo	Cilindro
 pelota de béisbol		

¿Cuánto líquido hay en la fruta?

Muchos seres vivos son parte sólida y parte líquida. Estas frutas son sólidas por fuera, pero por dentro tienen jugo, un líquido.

Piensa y practica

Con tu maestra, lava y pela las frutas, y córtalas en ruedas. Colócalas en una balanza. Halla la masa y anótala. Luego dibuja las ruedas de frutas.

Cuelga las ruedas en una ventana soleada. Predice qué pasará con la masa. Después de 5 días, halla la masa y anótala. Dibuja las ruedas de frutas secas. ¿Predijiste correctamente?

REPASO

Di lo que sabes

1. ¿Cuáles son las propiedades de cada tipo de materia?

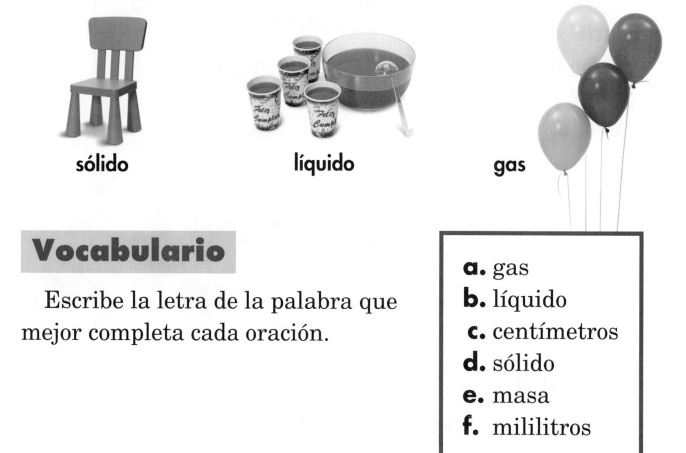

sólido   líquido   gas

Vocabulario

Escribe la letra de la palabra que mejor completa cada oración.

a. gas
b. líquido
c. centímetros
d. sólido
e. masa
f. mililitros

2. Un _____ llena un globo.

3. Una balanza mide la _____ de un objeto.

4. Un _____ toma la forma de una botella.

5. Los líquidos se pueden medir en _____.

6. La longitud de un objeto puede ser medida en _____.

7. Una silla es un _____ porque mantiene su forma.

Uso de las destrezas de ciencias

8. Clasificar Haz una tabla como la que sigue. Luego hojea revistas viejas y busca ilustraciones que muestren cada tipo de materia. Recorta las ilustraciones y pégalas en los espacios correspondientes. Escribe el nombre de cada ilustración.

Tipos de materia		
Sólidos	Líquidos	Gases

9. Medir Elige cinco objetos pequeños para medirlos. Con una regla en centímetros, mídelos y anota la longitud de cada objeto. Luego coloca los objetos en orden del más corto al más largo.

Cambios en la materia

Vocabulario

mezcla
reversible
irreversible

¿Lo sabías?

Mezclar sal y agua es **reversible**. Cuando parte del agua en el lago Great Salt se seca, la sal se separa del agua.

¿Qué sucede cuando mezclas la materia?

Investigación

Mezclar la materia

Materiales

cuchillo de plástico

nueces, semillas, fruta seca

taza de medir

bolsa de plástico con cierre

1 Corta la fruta seca. Mide 100 mililitros de nueces, de semillas y de fruta.

2 Pon los alimentos en la bolsa. Cierra bien y sacude la bolsa.

3 Observa. ¿Qué ha cambiado o qué no ha cambiado?

Destrezas de ciencias

Puedes usar más de uno de tus sentidos para observar algo que cambia.

Cortar y mezclar la materia

La materia se puede cortar y mezclar. Cuando la materia sólida se corta, su forma cambia pero su masa permanece igual. Cuando las piezas de la materia sólida se mezclan, cada pieza permanece igual.

Cortar y modelar la materia

Cortar es sólo una de las maneras en que puedes cambiar la materia. Este pedazo de pan es un sólido. Se ha cortado en rebanadas. Las rebanadas tienen una forma diferente a la del pan completo, pero es el mismo pan. Juntas, las rebanadas tienen la misma masa que el pan completo.

■ ¿Cómo cambió el papel cuando se cortó? ¿Cómo ha quedado igual?

Si sólo cambias la forma de la materia, su masa permanece igual. Estos dos pedazos de plastilina fueron iguales alguna vez. Tenían la misma forma y la misma masa. Después, se cambió la forma de uno de los pedazos pero su masa todavía es la misma.

■ ¿Cómo sabes que los dos pedazos de plastilina tienen la misma masa?

Mezclar la materia

Cuando juntas tipos diferentes de materia, haces una mezcla. Una **mezcla** es algo compuesto por dos o más cosas. Las cosas que unes en una mezcla no cambian.

Un taco se rellena con una mezcla de frijoles, queso, tomates, salsa y lechuga. Si separas los componentes de la mezcla, notarás que no han cambiado. Por ejemplo, los frijoles siguen siendo frijoles.

■ ¿Qué alimentos se han mezclado para rellenar el taco?

¿Qué tipo de cosas hay en el frasco?
¿Por qué esto es una mezcla?

Piénsalo

1. ¿Qué pasa cuando cortas y modelas la materia?
2. ¿Qué pasa cuando mezclas la materia?

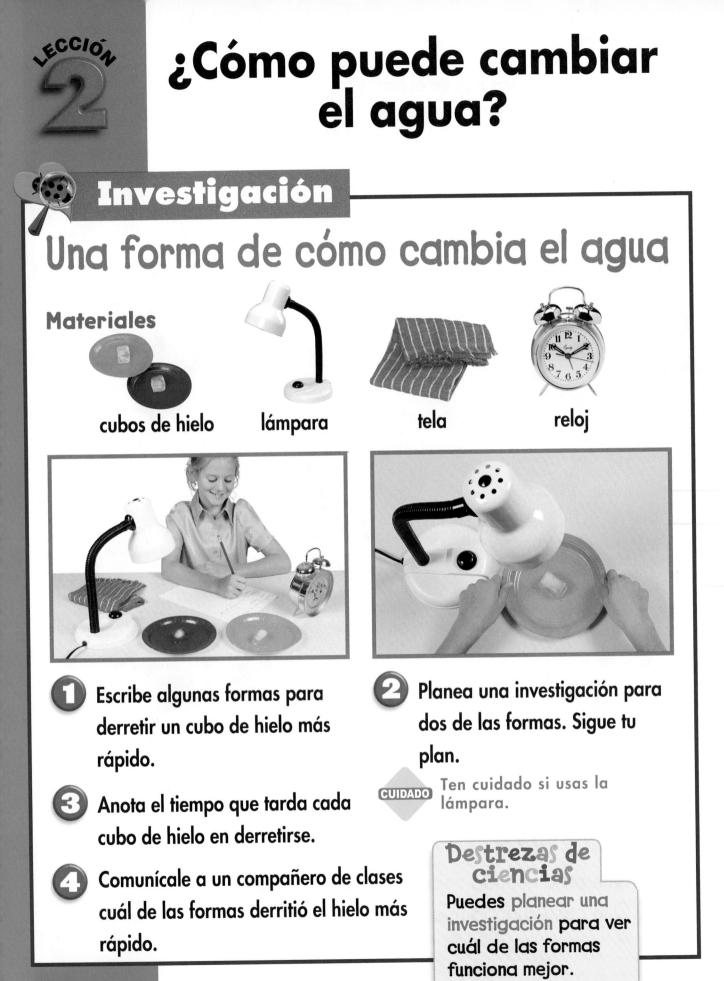

LECCIÓN 2

¿Cómo puede cambiar el agua?

Investigación

Una forma de cómo cambia el agua

Materiales

cubos de hielo   lámpara   tela   reloj

1 Escribe algunas formas para derretir un cubo de hielo más rápido.

2 Planea una investigación para dos de las formas. Sigue tu plan.

CUIDADO Ten cuidado si usas la lámpara.

3 Anota el tiempo que tarda cada cubo de hielo en derretirse.

4 Comunícale a un compañero de clases cuál de las formas derritió el hielo más rápido.

Destrezas de ciencias

Puedes planear una investigación para ver cuál de las formas funciona mejor.

E38

Cómo puede cambiar el agua

El agua puede ser un sólido, un gas o un líquido. Como sólido, el agua puede ser hielo o nieve. Como gas, el agua es vapor de agua. En esta foto, el calor de la Tierra cambia el agua de una forma a otra.

Géiser, Parque Nacional Yellowstone

El agua cambia si le agregas calor

El calor puede hacer que el agua cambie de un tipo de materia a otra. El hielo es agua en estado sólido. El agua es un sólido sólo cuando su temperatura es 0°C o más baja.

El calor aumenta la temperatura del hielo. Si la temperatura sube por encima de 0°C, el hielo se derrite o cambia a su estado líquido.

■ **¿Por qué se derriten los carámbanos?**

Un charco es agua líquida. El calor del Sol puede hacer que el agua del charco se evapore o cambie a vapor de agua.

Cuando el agua se calienta lo suficiente, hierve, como el agua en la tetera. Cuando el agua hierve se evapora.

■ ¿Qué hace que el agua líquida se transforme en gas?

El agua cambia si le quitas calor

La forma del agua la puedes cambiar si le quitas el calor o la enfrías. Cuando el vapor de agua no recibe suficiente calor, se condensa o se vuelve líquido. Las gotas de agua líquida forman las nubes y pueden caer como lluvia.

■ ¿Cómo se formó la nube?

La lluvia cae en los lagos en forma de agua líquida. Cuando hace frío, el agua se congela o se convierte en hielo. Cuando hace calor, el hielo se derrite o se convierte en agua líquida.

El agua cambia de líquida a hielo y viceversa, y de líquida a vapor y al revés. Todos los cambios son reversibles. En un cambio **reversible**, la materia puede cambiar a su forma anterior.

■ ¿Cómo cambió el agua de este lago?

Piénsalo

1. ¿Cuáles son las tres formas del agua?

2. ¿Qué puede hacer que el agua cambie?

¿En qué otras formas cambia la materia?

Investigación

Una mezcla

Materiales

media taza de agua tibia

cuchara

sal

cacerola

1 Pon una cuchara llena de sal dentro del agua y mezcla.

2 Pon la mezcla del agua con la sal en la cacerola.

3 Pon la cacerola en un lugar caliente. Predice lo que pasará.

4 Observa durante dos días. ¿Fue correcta tu predicción?

Destrezas de ciencias

Cuando predices, usas lo que sabes para hacer una buena predicción.

La materia cambia de otras maneras

La materia puede cambiar de otras maneras. Algunos cambios son reversibles. Otros cambios no son reversibles. ¿En qué forma ha cambiado la materia de esta pizza?

Mezclar y modelar

Tú puedes mezclar algunas cosas y separarlas otra vez. Cada cosa seguirá siendo lo mismo que era antes.

■ **¿Por qué es reversible esta mezcla?**

Un cambio en la forma puede ser reversible. Una pelota de plastilina se hunde. Puedes cambiar su forma y hacer que flote pero sigue siendo plastilina. Puedes cambiarla a su forma anterior.

La gelatina debe cambiar antes de estar lista para comer. Primero, el polvo sólido se mezcla con el agua caliente. Cuando la mezcla líquida caliente se enfría, se endurece. Si la gelatina se calienta, comienza a cambiar de nuevo. Parte de la gelatina se derrite y se vuelve líquida otra vez.

■ ¿Cómo puede cambiar un postre de gelatina?

Quemar y cocinar

Algunos cambios de la materia son **irreversibles** o no se puede revertir el cambio. En un cambio irreversible, la materia no puede volver a su forma anterior. El fuego y el calor excesivo, a menudo producen cambios irreversibles.

El quemar la madera hace que ésta se convierta en cenizas y humo. Las cenizas, los gases y el humo no pueden convertirse de nuevo en madera.

■ ¿Qué cambio irreversible causará este fuego?

Cocinar también puede provocar cambios irreversibles. Cocinar hace que un huevo pase de una forma líquida a una sólida. También hace que el huevo cambie su color, textura y sabor. No puedes hacer nada para que el huevo cocido vuelva de nuevo a estar crudo o sin cocinar.

■ ¿Cómo cambió el huevo?

Piénsalo

1. ¿Cuáles son algunos de los cambios de la materia que son reversibles?

2. ¿Cuáles son algunos de los cambios de las materia que son irreversibles?

Matemáticas

¿Cuánto líquido cambia a gas?

Puedes usar una taza de medir para hallar cuánto líquido cambia a gas.

Piensa y practica

Vierte 100 mL de agua en una taza de medir. Coloca la taza en la repisa de una ventana donde le dé el Sol.

Después de tres días, mide y anota cuánta agua hay en la taza. Escribe un problema de resta para hallar la cantidad de agua que se evaporó o se transformó en gas.

Arte

Un alfarero cambia la forma de la materia

Un alfarero usa arcilla para hacer cosas bellas. Este alfarero está dando la forma de un tarro a la arcilla. Él colocará el tarro de arcilla en un horno especial. La arcilla se transformará en un tipo de materia muy diferente, que es muy duro. Algunos tipos de arcilla se pueden volver muy duros con solo secarse al aire.

Piensa y practica

Haz una vasija con plastilina. Trabaja la plastilina para darle forma. Prueba usar diferentes colores de plastilina para hacer más interesante tu vasija.

Di lo que sabes

1. Di cómo la materia se transforma en cada dibujo.

Vocabulario

Di cuáles ilustraciones contestan las preguntas.

2. ¿Cuál dibujo muestra un cambio *irreversible*?

3. ¿Cuál dibujo muestra una *mezcla*?

4. ¿Cuál dibujo muestra un cambio *reversible*?

a.

b.

c.

Uso de las destrezas de ciencias

5. Planear y ejecutar investigaciones sencillas/Predecir Planea una manera de mostrar cómo el agua puede cambiar de líquido a sólido y otra vez a líquido. Haz una lista de los materiales que necesitarás. Haz dibujos para mostrar cada paso que tomarás. Predice qué pasará, y luego sigue tu plan. ¿Predijiste correctamente?

6. Observar/Clasificar Observa ilustraciones en las revistas. Busca tres tipos de comida que sean mezclas. Luego haz una tabla como la que sigue. Escribe el nombre de cada mezcla. Entonces haz una lista de las comidas que forman cada mezcla.

Mezclas de comida		
Mezcla 1	Mezcla 2	Mezcla 3
_____	_____	_____

La fuerza del aire

1. Cierra una bolsa con cierre alrededor de una pajita. Luego sopla en la pajita.

2. Saca la pajita y rápidamente cierra el cierre por completo.

3. ¿Cuántos libros puedes apilar sobre tu bolsa de aire? Anota tus observaciones.

4. ¿El aire ocupa espacio? ¿Puede el aire en la bolsa aguantar muchos libros? Comparte tus observaciones.

Desaparecer agua

1. Vierte la misma cantidad de agua en dos vasos transparentes que sean de igual forma y tamaño.

2. Usa cinta adhesiva para marcar el nivel de agua en cada vaso.

3. Cubre un vaso con papel de plástico.

4. Deja los vasos uno al lado del otro por unos días.

5. Escribe tus observaciones. ¿Qué le sucede al agua en los dos vasos? ¿Por qué?

Hacer dibujos con agua salada

1. Con un adulto, toma una taza y mezcla sal con agua muy tibia.

2. Usa un palillo de dientes para hacer un diseño con el agua salada sobre un papel negro.

3. Deja que el papel se seque toda la noche.

4. Describe lo que ocurrió con el agua. Di lo que ocurrió con la sal.

Hacer dulce de azúcar

1. Pide a un adulto que te ayude a mezclar bastante azúcar en una taza de agua muy tibia.

2. Amarra uno de los extremos de un hilo al centro de una varita artesanal.

3. Acuesta la varita sobre la boca de la taza con el hilo colgando.

4. Corta el hilo de manera que toque justo el fondo de la taza.

5. Observa el hilo cada día durante una semana o más. Anota lo que sucede.

REDACCIÓN
Tarjetas de recetas
Piensa en una comida que te gustaría hacer que mezcle o transforme materia. Escribe los pasos para preparar esa comida.

LECTURA
Cómo se hace un libro por Aliki
Describe todas las etapas que se requieren para producir un libro.

CENTRO DE COMPUTACIÓN
Visita **The Learning Site** en
www.harcourtschool.com/science/spanish

La energía en movimiento

Ciencias físicas

La energía en movimiento

PROYECTO DE LA UNIDAD

¡Hora del desfile!

Planifica un desfile. Haz carrozas que se muevan. Junta sonidos para una banda.

Fuerzas y movimiento

fuerza

ubicación

viento

gravedad

movimiento

¿Lo sabías?

Los leopardos usan **movimiento** para cazar su alimento. Ellos son los animales más veloces sobre la tierra.

¿Lo sabías?

A veces el **viento** es tan fuerte que puede empujar un pedazo de madera a través de un techo.

¿Qué son las fuerzas?

Empujar y jalar

Materiales

papel y lápiz

Empujar y jalar		
Lo que moví	Empujé	Jalé

1 Haz una tabla como ésta.

2 Mueve algunos objetos. Observa cómo los mueves.

3 Pregúntate a ti mismo si al mover cada objeto empujaste o jalaste. Anota tus respuestas.

4 Comparte con un compañero de clase lo que observaste.

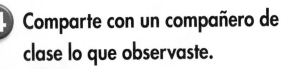

Destrezas de ciencias

Cuando mueves objetos, puedes observar que los empujas y los jalas.

F4

Las fuerzas

Una **fuerza** es, cuando al empujar o jalar, haces que algo se mueva. Estos niños están tratando de que el perro se mueva. ¿Cuál niño está empujando? ¿Cuál niño está jalando?

Empujar y jalar

Tú puedes empujar o jalar algo para cambiar su ubicación. La **ubicación** es el lugar donde está algo. También puedes empujar o jalar para evitar que algo se mueva.

Tú usas fuerzas para abrir una lata. Empujas el abrelatas para que gire y haga que la lata dé vuelta.

Tú usas fuerzas para cambiar la dirección de un objeto en movimiento. Cuando empujas una pelota, cambias su ubicación. Si la pelota está en movimiento y la empujas, cambiará de dirección.

■ ¿Qué tipo de fuerza usa este perro?

Tipos de fuerzas

El aire que se mueve es una fuerza llamada **viento**. El viento empuja las velas de un velero para hacerlo mover.

El agua en movimiento también es una fuerza que mueve cosas. Tú puedes ver y sentir la fuerza del agua en los ríos, arroyos y océanos.

■ ¿Cómo el agua mueve la balsa?

La fuerza que atrae las cosas hacia el centro de la Tierra se llama **gravedad**. Un trineo desciende la colina por la gravedad. La gravedad nos mantiene sobre la tierra.

El magnetismo es también una fuerza. Puedes usar un imán para atraer objetos de hierro. Los imanes pueden mover objetos de hierro sin tocarlos.

■ ¿Qué fuerza usa el niño para hacer el dibujo?

Piénsalo

1. ¿Qué es una fuerza?
2. ¿Cómo puedes usar las fuerzas?

¿Cómo podemos medir el movimiento?

Investigación

Una forma de medir el movimiento

Materiales

una tabla

6 libros

un metro

un camión de juguete

1 Haz una rampa baja. Deja que el camión ruede hacia abajo.

2 Mide desde la parte inferior de la rampa hasta donde el camión se detuvo. Anota la distancia.

3 Coloca más alto la rampa. Luego, repite los pasos 1 y 2.

4 Usa números para comparar tus datos. ¿Cuándo se alejó más el camión? ¿Por qué?

Destrezas de ciencias

Tú puedes usar números para descubrir la distancia recorrida por un objeto.

Medir el movimiento

Las fuerzas pueden hacer que las personas y las cosas se muevan. Cuando algo se mueve, está en **movimiento**. Estas personas están en movimiento. ¿Qué fuerza las hace mover?

La fuerza y el movimiento

Es más fácil mover algo liviano que algo pesado. Se necesita menos fuerza para mover cosas livianas y se necesita más fuerza para mover cosas pesadas.

También se necesita menos fuerza para mover algo sobre una superficie lisa que sobre una áspera. Se necesita menos fuerza para empujar una carreta sobre una acera que sobre el césped. Una superficie áspera, como la del césped, causa más fricción. La fricción es una fuerza que hace más difícil mover las cosas.

Se necesita menos fuerza para mover algo una distancia corta. Para mover una pelota una distancia corta, la pateas con suavidad. Para moverla una distancia larga, la pateas con fuerza.

■ ¿En cuál de las ilustraciones llegará más lejos la pelota? ¿Por qué?

Formas de medir el movimiento

Tú puedes medir la distancia que un objeto o una persona alcanza cuando se mueve. En un concurso de salto, tratas de saltar lo más lejos que puedes y alguien mide hasta dónde llegaste.

■ ¿Qué se usa para medir hasta dónde saltó la niña?

Tú también puedes medir cuánto tiempo le toma a algo o a alguien moverse de un lugar a otro. En una carrera, un cronometrador mide el tiempo que le toma a los corredores llegar a la meta final.

02:47

F14

Tú puedes usar un elástico para medir la fuerza que se necesita para mover algo. El elástico se estira menos cuando jalas con menos fuerza. Se estira más cuando jalas con más fuerza.

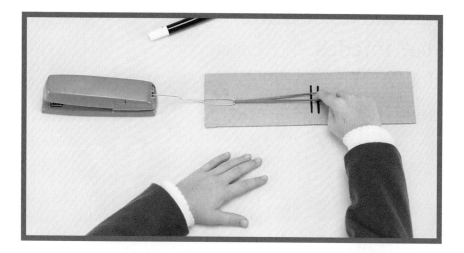

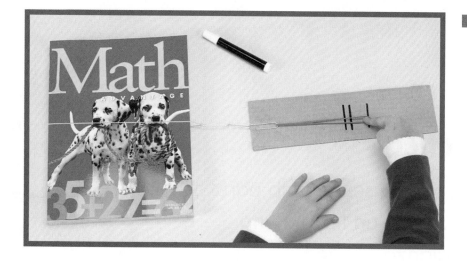

■ ¿En cuál de las ilustraciones se usa más fuerza?

Piénsalo

1. ¿Qué hace mover las cosas?
2. ¿Cómo puedes medir el movimiento?

Matemáticas/ Literatura

El nabo gigante

El cuento *El nabo gigante* trata sobre un nabo inmensamente grande que un hombre no pudo jalar. ¿Cómo puede el hombre y su familia jalar el nabo? Puedes leer el libro para descubrir cuánta fuerza se necesita.

Piensa y practica

Observa cuánta fuerza se necesita para mover las cosas. Amarra un libro a una balanza. Jala la balanza. A medida que el libro se mueve, lee los números en la balanza. Repite con otros objetos y compara los números. ¿Cuál de los objetos necesita la mayor fuerza para ser movido?

Un entrenador personal

Un entrenador personal le enseña a las personas cómo ejercitarse correctamente. Esta entrenadora personal está mostrando a la mujer cómo usar una máquina de pesas. La barra de esta máquina se conecta con las pesas. La mujer debe jalar la barra hacia abajo y empujarla hacia arriba para mover las pesas.

Piensa y practica

Piensa en algunos ejercicios que tú sepas cómo hacer. A medida que haces cada uno, observa cuándo jalas y cuándo empujas. Luego muestra a un compañero cómo hacer los ejercicios. Usa las palabras *jalar* y *empujar*.

Di lo que sabes

Di qué ilustración contesta cada pregunta.

a.　　　b.　　　c.　　　d.　　　e.

1. ¿Cómo puede la gravedad cambiar la ubicación de un objeto?

2. ¿Cómo puedes medir la distancia recorrida por una cosa?

3. ¿Cómo puedes medir el tiempo que le toma a alguien desplazarse de un sitio a otro?

4. ¿Cómo puede un empujón cambiar la dirección de un objeto?

5. ¿Cuál es un jalón?

Vocabulario

6. Usa las siguientes palabras para hablar de la ilustración.

fuerza　　　ubicación

gravedad　　movimiento

Uso de las destrezas de ciencias

7. Observar Haz una tabla como la que ves a continuación y luego observa los objetos en movimiento. ¿Fue un jalón o un empujón? Escribe si lo que mueve cada objeto es un *jalón* o un *empujón*.

¿Cuál fuerza mueve los objetos?				
Objeto	Viento	Agua	Gravedad	Otro
bote	empujón	empujón		

8. Usar números Haz una rampa como la que ves a continuación. Coloca un carrito de juguete en la parte de arriba y déjalo rodar. Mide la distancia que el carrito recorre. Luego cubre la rampa con un paño grueso y prueba de nuevo. ¿Cuándo recorre el carrito la mayor distancia? ¿Cuándo va más rápido?

Prueba con otras dos superficies. Usa números para medir cada distancia y compara.

CAPÍTULO

2

El sonido

Vocabulario

sonido
vibrar
intensidad
tono
sonar
música

¿Lo sabías?

Los elefantes pueden hacer
y escuchar sonidos que son
tan bajos en **tono** que los
humanos no los pueden oír.

¿Lo sabías?

Los grillos oyen **sonidos** a través de los oídos de sus patas.

oído

¿Qué es el sonido?

Investigación

Qué produce sonido

Materiales

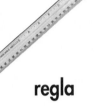

regla   papel y lápiz

1 Pon la regla sobre un pupitre, de manera que un extremo sobresalga del borde. Empuja ese extremo hacia abajo y suéltalo.

2 Observa y anota lo que sucede.

3 ¿Cómo podrías cambiar el sonido? Planifica una investigación.

4 Sigue tu plan. Cuéntale a un compañero de clase lo que descubras.

Destrezas de ciencias

Cuando planeas una investigación, haces una pregunta y compruebas las maneras de responder la pregunta.

Qué produce sonido

La energía que te permite oír es el **sonido**. Un sonido se produce cuando las cosas **vibran** o se mueven de un lado a otro muy rápido.

El sonido y el aire

Cuando algo vibra, hace que el aire a su alrededor también vibre. Las cuerdas de una guitarra vibran cuando las tocas. Las vibraciones viajan por el aire y llegan hasta tus oídos. Entonces, oyes el sonido que la guitarra produce.

El sonido se mueve a través del aire en todas las direcciones. Cuando suena el timbre de la escuela, las personas alrededor del timbre lo pueden oír.

El sonido también puede ser bloqueado. Algunas personas que trabajan cerca de máquinas ruidosas, usan tapones para los oídos. Los tapones bloquean algunas de las vibraciones sonoras y evitan que éstas lleguen a los oídos.

■ ¿Por qué esta persona cubrió sus oídos?

Cómo oyes los sonidos

Tú oyes los sonidos con tus oídos. Las vibraciones sonoras se mueven a través del aire y llegan a cada oído. Las vibraciones llegan al tímpano y hacen que éste vibre.

tímpano

Cómo tú produces sonidos

Tú usas tus cuerdas vocales para producir sonidos en tu garganta. Si pones tu mano sobre tu garganta cuando hablas, puedes sentir cómo vibran tus cuerdas vocales.

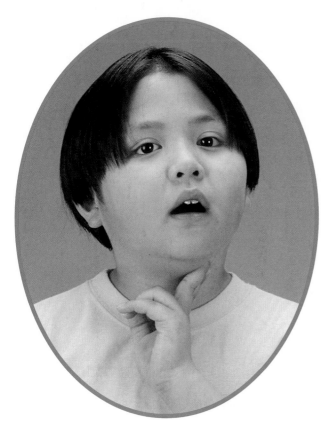

Piénsalo

1. ¿Qué produce sonido?
2. ¿Cómo oyes los sonidos?

Especialista en audiología

Un especialista en audiología examina la audición de las personas con aparatos que producen sonidos. También ayuda a las personas que no oyen bien. Debes hacerte un examen de audición con un especialista en audiología de vez en cuando.

■ ¿Qué está haciendo esta especialista en audiología?

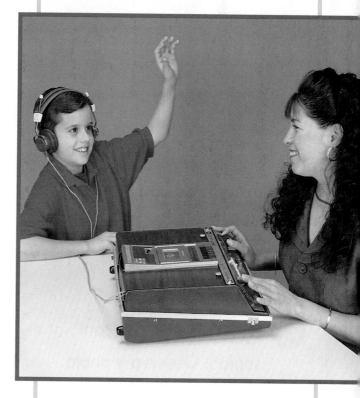

¿Cómo varían los sonidos?

Sonidos diferentes

Materiales

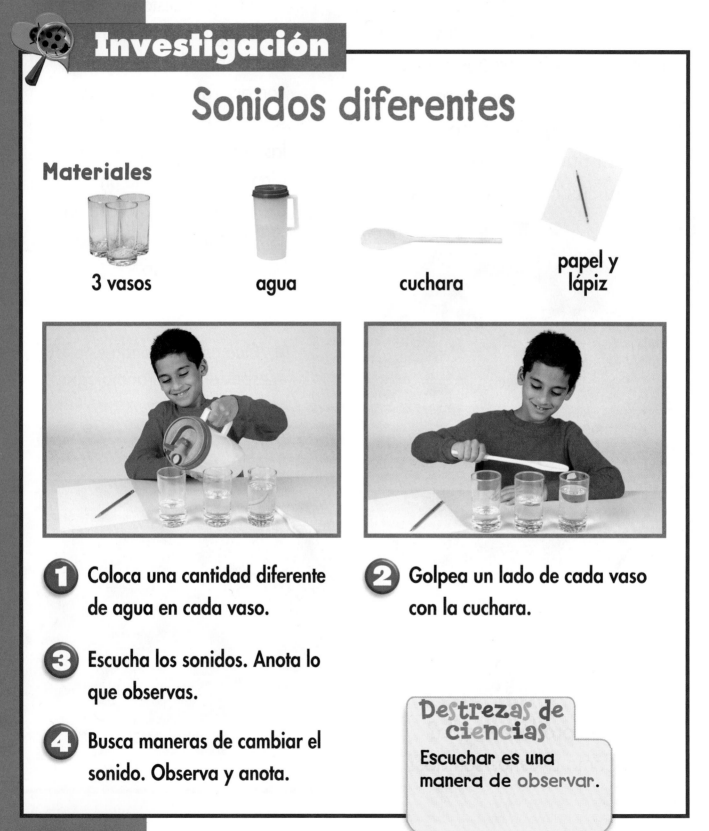

3 vasos

agua

cuchara

papel y lápiz

1 Coloca una cantidad diferente de agua en cada vaso.

2 Golpea un lado de cada vaso con la cuchara.

3 Escucha los sonidos. Anota lo que observas.

4 Busca maneras de cambiar el sonido. Observa y anota.

Destrezas de ciencias
Escuchar es una manera de observar.

En qué pueden ser diferentes los sonidos

Los sonidos te rodean por todas partes. ¿Qué sonidos crees que escuchan los niños de la ilustración? ¿Qué sonidos puedes oír en tu salón de clases?

Fuerte y suave

Los sonidos varían en **intensidad**, es decir, lo fuerte o suave que son. Algunos sonidos como los gritos, son fuertes. Otros sonidos como los susurros, son suaves. Se necesita menos energía para producir un sonido suave que un sonido fuerte.

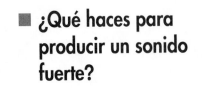

■ ¿Qué haces para producir un sonido fuerte?

Alto y bajo

Los sonidos también son diferentes en el **tono**, es decir, lo alto o bajo que son. El canto de un canario tiene un tono alto. El croar de una rana tiene un tono bajo.

■ ¿En qué se diferencian el canto de un canario y el croar de una rana?

Piénsalo

1. ¿Puedes mencionar algunos sonidos fuertes y algunos sonidos suaves?
2. ¿Puedes mencionar algunos sonidos altos y algunos sonidos bajos?

¿Cómo viaja el sonido?

Cómo viaja el sonido

Materiales

metro

cinta adhesiva

papel y lápiz

1 Mide 50 centímetros sobre tu pupitre. Marca cada extremo con cinta adhesiva.

2 Raspa una de las marcas de la cinta y escucha por el otro extremo. Anota lo que oyes.

3 Predice la intensidad del sonido al poner tu oído sobre el pupitre. Anota tu predicción.

4 Inténtalo. ¿Qué observas? ¿Hiciste tu predicción correctamente?

Destrezas de ciencias

Para predecir, piensas en lo que ya sabes y luego indicas lo que crees que pasará.

Cómo viaja el sonido

El sonido puede viajar a través de diferentes tipos de materia. Estos niños tienen sus oídos debajo del agua. Aún así, pueden oír la voz del entrenador. ¿A través de qué tipos de materia viajan los sonidos?

Los sonidos viajan a través de los gases y los sólidos

Los sonidos pueden viajar a través de gases como el aire. El sonido de las campanas que vibran en algunos relojes despertadores, viaja a través del aire, llega a los oídos de la persona y la despierta.

■ ¿A través de qué viaja el sonido de una bocina?

Los sonidos también pueden viajar a través de objetos sólidos. Quizás hayas jugado con un teléfono de cuerda. Una persona habla por un vaso, haciendo que el aire dentro de él vibre. El aire hace que el vaso vibre mientras el vaso hace que la cuerda vibre.

Las vibraciones viajan a través de la cuerda y hacen que el otro vaso vibre. Ese vaso hace que el aire dentro de él vibre. Las vibraciones viajan hasta llegar al oído de la otra persona y esa persona oye el sonido.

■ ¿Qué vibra cuando una persona habla por el vaso?

El sonido viaja a través de los líquidos

Los sonidos pueden viajar a través de líquidos como el agua. Los delfines tienen un tipo de **sonar**, o sea una forma de usar sonidos para ubicar objetos debajo del agua. Los sonidos producen eco cuando chocan con un objeto. Los delfines ubican los objetos al escuchar el eco.

delfines

Las ballenas también producen sonidos debajo del agua. Los sonidos que producen parecen cantos. Los cantos pueden viajar largas distancias, a través del agua, hasta llegar a otras ballenas.

■ **¿Qué crees que le está comunicando esta ballena a su cría?**

ballenas

Piénsalo

1. ¿Cómo viajan los sonidos?

2. ¿A través de qué pueden viajar los sonidos?

¿Cómo podemos producir sonidos diferentes?

Producir sonidos diferentes

Materiales

elásticos

la tapa de
una caja

lápiz

1. Pon 3 elásticos alrededor de la tapa de una caja.

2. Tira de las ligas. Compara los sonidos.

3. Pon el lápiz debajo de las ligas y tira de ellas de nuevo. Compara.

4. ¿En qué cambiaron los sonidos? ¿En qué permanecieron iguales?

Destrezas de ciencias

Cuando comparas, buscas en qué se parecen y en qué se diferencian dos o más cosas.

Cómo hacer sonidos diferentes

Las personas usan los sonidos para hacer **música**, es decir, una combinación de sonidos que las personas disfrutan. Estas personas tocan instrumentos musicales diferentes. Cada instrumento produce un tipo de sonido diferente.

Producir sonidos diferentes

Algunos instrumentos musicales tienen cuerdas. Las cuerdas finas vibran más rápidamente y producen sonidos más altos. Las cuerdas gruesas vibran más despacio y producen sonidos más bajos.

Al cambiar la longitud de una cuerda, cambia la rapidez con la que vibra. Si la cuerda se hace más corta, vibrará más rápidamente y producirá un sonido más alto. Si la cuerda se hace más larga, vibrará más despacio y el sonido será más bajo.

Tú también puedes cambiar la intensidad de un sonido. Si usas mucha energía y tocas un tambor con fuerza, éste producirá un sonido fuerte. Si usas poca energía y tocas ligeramente el tambor, éste producirá un sonido suave.

■ **¿Cómo puedes producir sonidos diferentes con estos instrumentos?**

Piénsalo

1. ¿Cómo puedes producir sonidos altos y bajos?
2. ¿Cómo puedes producir sonidos fuertes y suaves?

Matemáticas

¿Cuánto tiempo dura un sonido?

Este instrumento musical se llama triángulo. Cuando un instrumentista golpea ligeramente el triángulo, éste produce un sonido.

Piensa y practica

Golpea suavemente el triángulo. Cuenta despacio el tiempo que puedes oír el sonido. Luego dale un golpecito un poco más fuerte. Cuenta a la misma velocidad el tiempo que puedes escuchar este sonido.

¿Cuál sonido dura más? Escribe un problema de resta para mostrar cuánto tiempo más duró un sonido que el otro.

 **Música**

Hacer instrumentos musicales

Los instrumentos musicales pueden ser agrupados por la manera en que producen el sonido. Los instrumentos de percusión producen el sonido cuando uno los agita o los golpea. Los instrumentos de cuerda producen el sonido cuando uno jala las cuerdas. Los instrumentos de viento producen el sonido cuando uno los sopla.

percusión   cuerdas   viento

Piensa y practica

Haz tu propio instrumento musical. Luego muestra a un compañero de clases cómo funciona. Di si es un instrumento de viento, de cuerda o de percusión.

Di lo que sabes

Contesta la pregunta sobre cada ilustración.

1. ¿Qué vibra para producir el sonido?

2. ¿Cómo puedes cambiar este sonido?

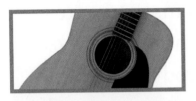

3. ¿En que se diferencian estos sonidos?

Vocabulario

Usa cada palabra para decir sobre la ilustración.

4. sonar

5. música

6. tono

a.

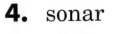

b.

c.

Uso de las destrezas de ciencias

7. **Observar/comparar** Haz una tabla como la que ves a continuación. Luego escucha diferentes sonidos. Escribe la información en tu tabla.

Tipos de sonidos		
Lo que produce el sonido	Alto o bajo	Fuerte o suave

8. **Planear una investigación/Comparar** Investiga cómo cambia el tono de un sonido. Sopla dentro de una botella vacía. Escucha el sonido. Ahora piensa en maneras de cambiar su tono. Prueba tus ideas.

¿Empujas o jalas los juguetes?

1. Observa algunos juguetes. ¿Los empujas, los jalas o ambas cosas?

2. Haz una tabla para clasificar los juguetes como juguetes que empujas, juguetes que jalas, o ambos.

3. Usa tu tabla para comunicarle a tus compañeros tus observaciones.

Espectáculo de títeres magnéticos

1. Dibuja unos títeres en cartón. Córtalos.

2. Dobla la parte de abajo del títere hacia atrás para que se pueda sostener solo. Ponle un clip con una cinta adhesiva en el doblez.

3. Corta un lado de una caja para hacer un escenario.

4. Coloca los títeres en el escenario.

5. Usa imanes debajo del escenario para mover los títeres.

Haz sonidos como los pollitos

1. Abre dos huequitos en el fondo de un vaso de papel.

2. Mete un hilo a través de los huequitos y amarra un nudo.

3. Humedece el hilo. Pasa tus dedos por el hilo haciendo movimientos cortos y bruscos.

4. Di qué sonidos escuchas y cómo se producen.

Juega a escuchar

1. Todos lo jugadores a excepción de uno cierran los ojos.

2. El jugador que no cerró los ojos hace un sonido.

3. Los otros jugadores tienen que adivinar cómo se produce el sonido. Ellos pueden necesitar pistas del jugador que hace el sonido.

4. El primer jugador que adivine correctamente hace el próximo sonido.

REDACCIÓN

Protesta Escribe un anuncio sobre algo que esté ocurriendo en la escuela. Haz un megáfono de papel u otro instrumento para compartir tu mensaje.

LECTURA

***Te presento a la orquesta*
por Ann Hayes**
Una introducción a los sonidos de los instrumentos de una orquesta.

CENTRO DE COMPUTACIÓN
Visita *The Learning Site* en
www.harcourtschool.com/science/spanish

Referencias

Investigación

Este plan te ayudará a trabajar como un científico.

PASO 1 - Haz una pregunta.

¿Qué toalla de papel será la más fuerte cuando húmeda?

PASO 2 - Haz una predicción.

Predigo que esta toalla de papel será la más fuerte.

PASO 3 - Planea una prueba justa.

Pondré cada toalla de papel en el agua. Luego, pondré el mismo bloque en cada toalla para probarla.

PASO 4 - Haz tu prueba.

Anotaré qué sucede con cada toalla.

PASO 5 - Saca una conclusión.

¡Mi predicción era correcta! Esta toalla fue la más fuerte.

Más investigación

¿Qué toalla sostendrá la mayor cantidad de agua?

Usar los instrumentos de ciencias

Lupa

Una lupa hace que las cosas parezcan más grande de lo que son.

1. Sostén la lupa cerca de tu cara.
2. Mueve el objeto hasta que veas claramente.

Termómetro

Los científicos usan la escala Celsius en un termómetro para medir la temperatura.

1. Coloca el termómetro en el líquido.
2. Espera dos minutos.
3. Fíjate hasta donde llega el líquido en el tubo.
4. Lee el número. Ésta es la temperatura.

La temperatura es 40°C.

Regla

Una regla es un instrumento que te permite medir qué tan largo es algo.

1. Coloca el borde de la regla en el extremo del objeto.
2. Lee el número en el otro extremo.

Esta hoja tiene 21 centímetros de largo.

Regla métrica

Una regla métrica es un instrumento que te permite medir en centímetros.

1. Coloca el comienzo del borde de la regla métrica donde comienza el punto.
2. Lee el número en la otra punta para medir la distancia.

Este papel tiene 30 centímetros de largo.

Taza de medir

Usa una taza de medir para calcular qué cantidad de líquido hay.

1. Vierte el líquido en la taza.
2. Pon la taza en una mesa.
3. Espera hasta que el líquido no se mueva.
4. Observa el nivel del líquido.
5. Lee la cantidad de líquido que hay en la taza.

Hay 350 mililitros de líquido aquí.

Reloj

Un reloj te permite medir el tiempo. Algunos relojes tienen un minutero y un horario.

1. Observa el horario.
2. Observa el minutero.
3. Lee la hora.

Son las 11:30.

Cronómetro

Han transcurrido veinte y cinco segundos.

Un cronómetro mide cuánto tiempo transcurre.

1. Para comenzar a cronometrar, presiona el botón START.
2. Para parar, el cronómetro, presiona el botón STOP.
3. Lee cuánto tiempo ha transcurrido.

Balanza

Usa una balanza para medir la masa de un objeto.

1. Comienza con los platillos equilibrados.
2. Pon el objeto en un platillo.
3. Agrega masas hasta que los platillos estén equilibrados otra vez.
4. Cuenta el número de masas. El total es la masa del objeto.

Computadora

Las computadoras son instrumentos también. Aquí hay algunas maneras en que te puede ayudar una computadora.

1. Una computadora te puede ayudar a dibujar o a realizar tablas.
2. La mayoría de las computadoras te ayudan a hallar respuestas a las preguntas.
3. Muchas computadoras te ayudan a comunicar. Esto quiere decir escribir, enviar o recibir información.

Medidas

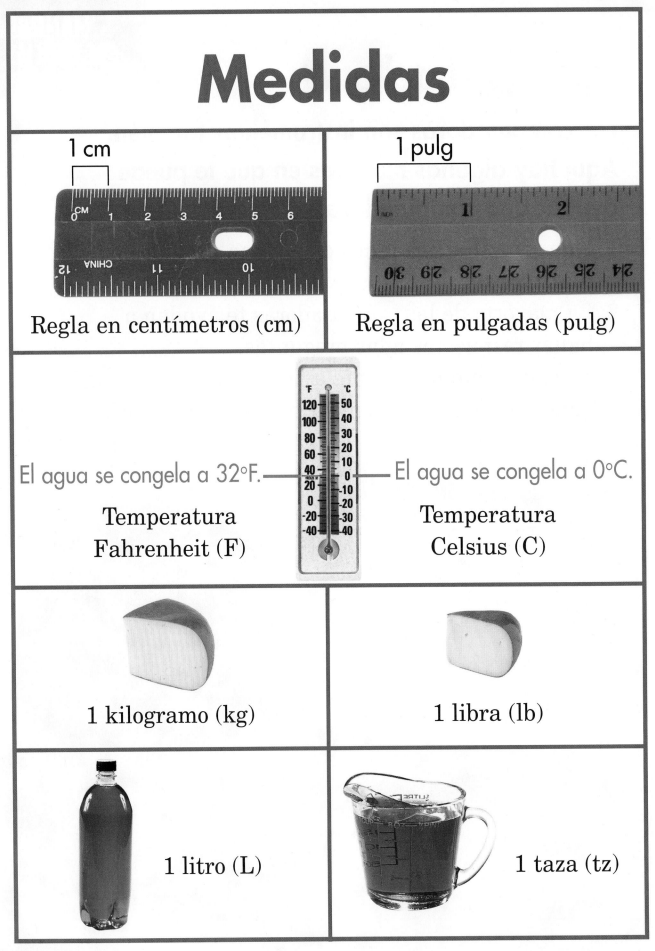

1 cm

Regla en centímetros (cm)

1 pulg

Regla en pulgadas (pulg)

El agua se congela a 32°F.

Temperatura
Fahrenheit (F)

El agua se congela a 0°C.

Temperatura
Celsius (C)

1 kilogramo (kg)

1 libra (lb)

1 litro (L)

1 taza (tz)

Manual de salud

Hacer ejercicio

Ejercicios de calentamiento y enfriamiento

▼ **Estirar los hombros y el pecho** Empuja tus manos suavemente hacia el piso. Mantén tus codos derechos, pero no los cierres.

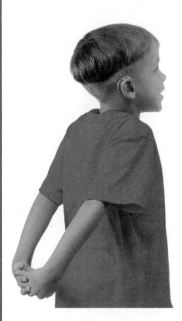

Calienta tus músculos antes de hacer ejercicio. Tarda al menos cinco minutos estirándote. Puedes usar cualquiera de los ejercicios de estiramiento que se muestran aquí. Mantén cada estiramiento mientras cuentas hasta 15. Repite cada estiramiento tres veces. Al hacer ejercicio recuerda comenzar suavemente.

Al final del ejercicio hazlo más despacio. Luego, repite algunos de estos estiramientos por casi dos minutos. Estirarse después del ejercicio ayuda a tus músculos a que se enfríen.

▶ **Ejercicio de sentarse, doblarse y tocar la punta de los dedos del pie** Inclina la cintura hacia adelante. Mantén los ojos en la punta del pie.

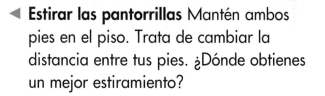

◀ **Estirar las pantorrillas** Mantén ambos pies en el piso. Trata de cambiar la distancia entre tus pies. ¿Dónde obtienes un mejor estiramiento?

▲ Estirar la espalda superior y los hombros
Trata de estirar tu mano hacia abajo de manera que ésta descanse sobre tu espalda en una forma plana.

▼ Estirar el muslo
Mantén ambas manos planas sobre el piso. Apóyate hacia adelante lo más que puedas.

▲ Estirar la pierna
Extiende una pierna hacia atrás. Mantén la punta de ese pie señalando hacia adelante.

Consejos para el ejercicio de estiramiento

- Nunca saltes. Estírate suavemente.
- Respira con normalidad para obtener el aire que necesitas.
- Nunca te estires hasta que te duela. Debes sentir sólo un pequeño empuje.

Hacer ejercicio

Fortalecer tu corazón y tus pulmones

El ejercicio ayuda que tu corazón y tus pulmones crezcan fuertes. Las mejores actividades de ejercicio te hacen respirar profundamente. Ellas hacen latir tu corazón rápidamente. Debes tratar de hacer ejercicio por lo menos durante 20 minutos. Recuerda calentarte primero y enfriarte al finalizar.

▲ **Nadar** Si no eres un buen nadador, usa una tabla flotante para hacer un buen ejercicio. Recuerda nadar sólo cuando esté presente un salvavidas.

◄ **Patinar** Usa siempre un casco, un protector de codo y de rodillas, unas muñequeras y unos guantes. Aprende a patinar, detente y cae correctamente.

▼ **Manejar bicicleta** Cuando manejas tu bicicleta, ¡tu ejercicio te lleva siempre a un lugar! Sigue las reglas de seguridad para bicicletas y usa siempre tu casco.

▶ **Caminar** Una caminata rápida te puede ayudar a fortalecer tu corazón y tus pulmones. Usa zapatos de goma. ¡Camina con un amigo para una diversión extra!

▶ **Saltar la cuerda** Saltar la cuerda es bueno para tu corazón y tus pulmones. Salta siempre en una superficie plana. Usa zapatos de goma.

R15

Estar protegido

Protección contra el fuego

Tú puedes mantenerte protegido de los fuegos. Sigue estas reglas de seguridad.

- Nunca juegues con fósforos o encendedores.
- Ten cuidado con las cocinas, los calentadores, las chimeneas y las parrillas.
- No uses los microondas, las planchas o las tostadoras sin la ayuda de un adulto.
- Practica tu plan de seguridad familiar de incendios.
- Si hay un incendio en tu casa, sal rápidamente. Déjate caer al piso y arrástrate si el cuarto está lleno de humo. Si una puerta cerrada está caliente, no la abras. Usa otra salida. Llama al 911 fuera de tu casa.
- Si tu ropa la enciende el fuego, usa Detenerse, Dejarse caer y Rodar inmediatamente para apagar el fuego.

❶ **Detenerse** No corras o agites tus brazos.

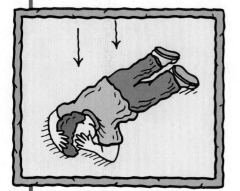

❷ **Dejarse caer** Acuéstate en el piso rápidamente. Cubre tus ojos con las manos.

❸ **Rodar** Rueda hacia atrás y hacia adelante para apagar el fuego.

Un desconocido peligroso

Tú puedes mantenerte seguro alrededor de los desconocidos. Sigue estas reglas.

- Nunca hables con desconocidos.
- Nunca vayas a pies o en carro con un desconocido.
- Si estás solo en la casa, no abras la puerta. No dejes que las personas que llaman por teléfono sepan que estás solo.
- Nunca le des tu nombre, dirección o número de telefóno a alguien que no conoces. (Debes darle esta información al operador del 911 en caso de una emergencia.)
- Si estás perdido o necesitas ayuda, habla con un oficial de policía, un guardia o un vendedor de una tienda.
- Si te molesta un desconocido, usa las reglas de Un desconocido peligroso para mantenerte seguro.

❶ **¡Di no!** grita si necesitas hacerlo. No tienes que ser cortés con un desconocido.

❷ **Aléjate.** Camina rápido o corre en dirección contraria. Ve hacia las personas quienes puedan ayudarte.

❸ **Dile a alguien.** Dile a un adulto confiable como a un miembro familiar, un maestro o un oficial de la policía. No guardes secretos sobre los desconocidos.

Manejar bicicleta con seguridad
Una bicicleta segura

Para manejar tu bicicleta con seguridad necesitas comenzar con una bicicleta segura. Una bicicleta segura es una que sea del tamaño correcto para ti. Cuando te sientas en tu bicicleta con el pedal en posición baja, debes ser capaz de descansar tu talón sobre el pedal.

Después de revisar el tamaño de tu bicicleta, revisa para ver que ésta tiene los equipos de seguridad correctos. Tu bicicleta debe tener todo lo que se muestra abajo.

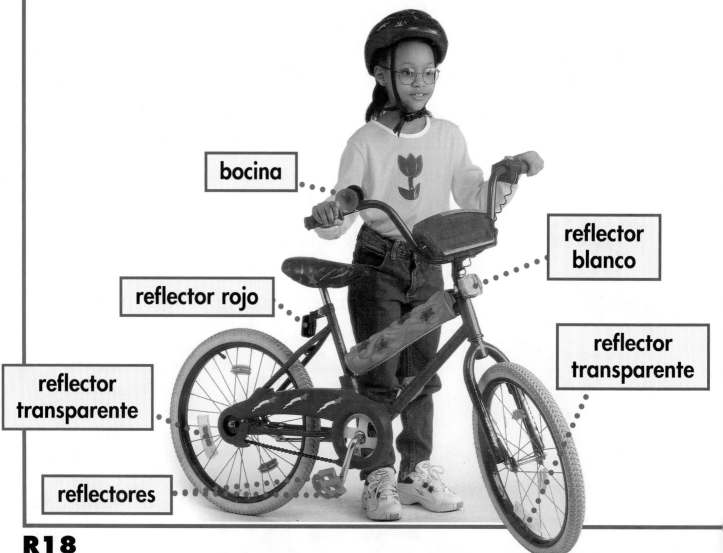

bocina

reflector blanco

reflector rojo

reflector transparente

reflector transparente

reflectores

Tu casco de bicicleta

◀ **Usa siempre un casco de bicicleta**. Usa tu casco sobre tu cabeza. Asegúrate que está marrado con la correa. Si tu casco se estropea en una caída, reemplázalo inmediatamente, inclusive si no se ve dañado.

Seguridad en la vía

- Por motivos de seguridad revisa tu bicicleta cada vez que la manejes.
- Maneja en una sola fila. Maneja en la misma dirección del tránsito.
- Detente, observa, y piensa cuando vas a entrar en una calle o a cruzar una entrada.
- Lleva tu bicicleta caminando en una intersección.
- Obedece todos los avisos y señales de tránsito.
- No manejes en la noche sin un adulto. Usa ropa de colores claros y luces y reflectores para manejar de noche.

Órganos de los sentidos

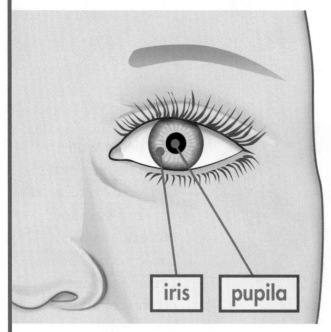

iris | pupila

Fuera del ojo

El cuidado de tus ojos y tus oídos

- Los lentes de sol protegen tus ojos. Usa lentes de sol cuando estés afuera en la luz del sol, en la nieve o en el agua.

- Nunca coloques nada en tus oídos.

Los ojos

Tus ojos te dejan ver. Cuando miras a tus ojos, ves una parte blanca, una parte coloreada y una abertura. La parte coloreada es el iris. La abertura en la mitad es la pupila.

Dentro del ojo

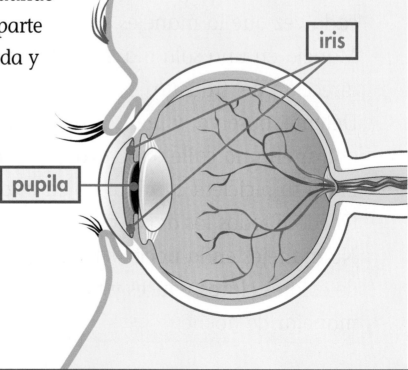

iris

pupila

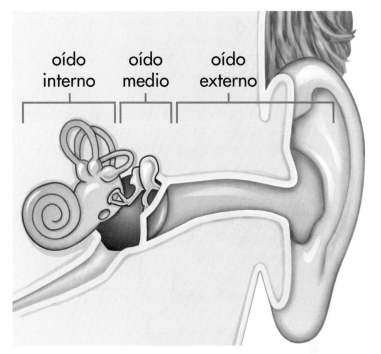

oído
interno

oído
medio

oído
externo

Dentro del oído   **Fuera del oído**

Los oídos

Tus oídos te dejan escuchar. Lo que ves en la parte de afuera de tu cabeza es sólo parte de tus oídos. La parte principal de tu oído está dentro de tu cabeza.

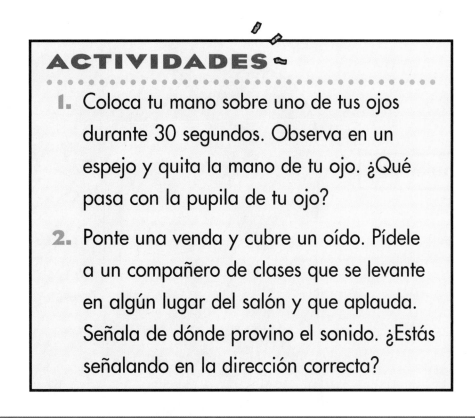

ACTIVIDADES

1. Coloca tu mano sobre uno de tus ojos durante 30 segundos. Observa en un espejo y quita la mano de tu ojo. ¿Qué pasa con la pupila de tu ojo?

2. Ponte una venda y cubre un oído. Pídele a un compañero de clases que se levante en algún lugar del salón y que aplauda. Señala de dónde provino el sonido. ¿Estás señalando en la dirección correcta?

El sistema respiratorio

Cuando respiras, usas tu sistema respiratorio. Tu boca, tu nariz, tus pulmones y tu diafragma son partes de tu sistema respiratorio.

Cuida tu sistema respiratorio

- Nunca coloques nada en tu nariz.
- Jugar ayuda a tus pulmones. Cuando subes o saltas, tu respiración es más fuerte. Respirar más fuerte hace que tus pulmones se fortalezcan.

nariz

boca

pulmones

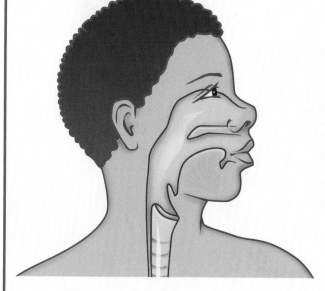

La boca y la nariz

El aire entra y sale en tu cuerpo a través de tu boca y de la nariz. Tu boca y tu nariz calientan el aire que respiras.

Los pulmones

Tú tienes dos pulmones. Tus pulmones están en tu pecho. Cuando inhalas tus pulmones se llenan de aire. Cuando exhalas liberas el aire de tus pulmones.

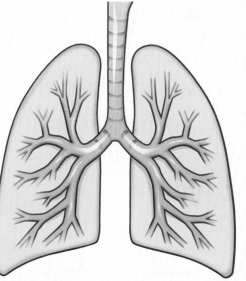

ACTIVIDADES

1. Trata de decir algo mientras inhalas. Trata de decir algo mientras exhalas. ¿Qué fue más fácil?

2. Respira en un espejo. ¿Qué sucede? Enjuaga tu boca con agua fría. Respira en el espejo otra vez. ¿Qué sucede?

El sistema muscular

Los músculos de tu cuerpo ayudan a moverte. Cuando parpadeas, usas los músculos. Cuando corres, usas los músculos. Inclusive cuando comes, usas los músculos.

Cuida tu sistema muscular

Estira tus músculos antes de usarlos para jugar o hacer ejercicios.

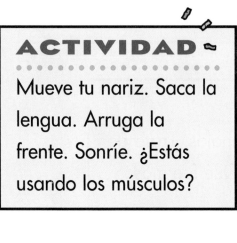

ACTIVIDAD

Mueve tu nariz. Saca la lengua. Arruga la frente. Sonríe. ¿Estás usando los músculos?

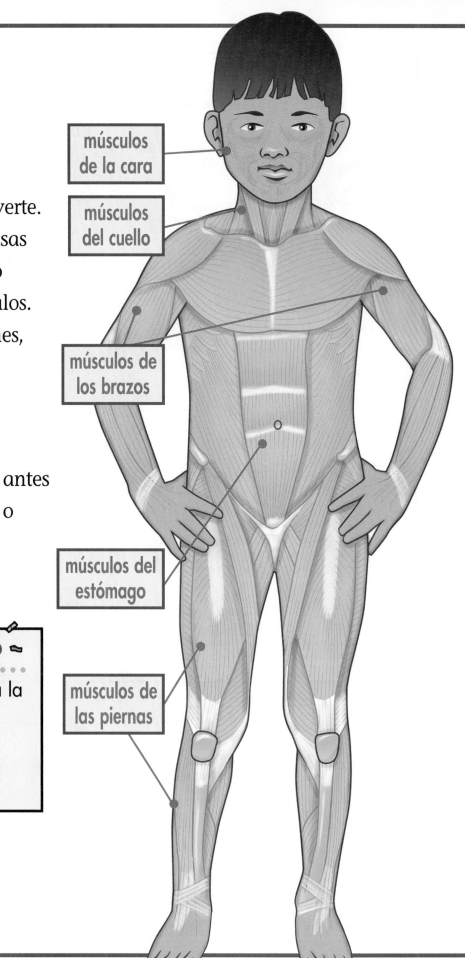

músculos de la cara

músculos del cuello

músculos de los brazos

músculos del estómago

músculos de las piernas

El sistema nervioso

cerebro

nervios

Tu sistema nervioso hace que trabajen tus músculos y te digan sobre tus alrededores. Tu cerebro y tus nervios son parte de tu sistema nervioso.

Cuida tu sistema nervioso

Duerme completo. Dormir le permite descansar a tu cerebro.

ACTIVIDAD

Pídele a un compañero de clases que te vende los ojos y que llene un vaso con agua fría y otro con agua caliente. Mete tu dedo en cada vaso. ¿Puedes decir cuál es el agua fría y cuál es el agua caliente?

R25

GLOSARIO

A

anfibio   Un animal que vive tanto en el agua como en la tierra. Una rana es un anfibio. (A27)

arena   Rocas muy pequeñas. La mayoría de las playas están cubiertas de arena. (C6)

Ártico   Un lugar con un medio ambiente muy frío y de mucho viento donde la tierra está cubierta de hielo y nieve durante casi todo el año.(B13)

B

bosque   Un medio ambiente que recibe suficiente lluvia y calor para que crezcan muchos árboles. (B12)

bosque tropical   Un medio ambiente donde llueve casi todos los días. Muchos tipos de plantas viven en un bosque tropical. (B11)

C

cacto   Una planta que puede almacenar agua en sus tallos gruesos. Un cacto crece en el desierto. (A17)

cadena alimenticia   El orden en que los animales comen plantas y otros animales. (B24)

ciclo de vida   Todas las etapas de la vida de un animal, desde su nacimiento hasta su muerte. El ciclo de vida de un ave tiene diferentes etapas. (A31)

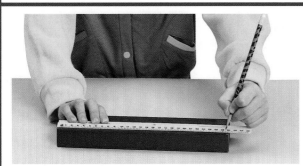

centímetros   Una unidad que se usa para medir la longitud. Un creyón tiene casi 9 centímetros de largo. (E13)

cirros   Un tipo de nube que es delgada, se parece a las plumas y se encuentra en lo alto del cielo. Vemos los cirros en un clima soleado. (D48)

ciclo del agua   La manera en que se mueve el agua del aire a la tierra y de regreso al aire. (D41)

clima   Como se siente el aire afuera. A menudo el clima es soleado y cálido en verano. (D35)

constelación   Un grupo de estrellas que forman una fotografía de estrellas. La Osa Mayor es una constelación. (D26)

cráter   Un hoyo que tiene la forma de un tazón. La Luna tiene cráteres. (D18)

contaminación   La basura que daña la tierra, el agua o el aire. Las fábricas y los carros pueden crear la contaminación. (B39)

cúmulo   Un tipo de nube que parece un copo suave de algodón. Los cúmulos los vemos en un día con buen tiempo. (D49)

corazón   Un músculo que bombea sangre a todas las partes del cuerpo. Tu corazón es del tamaño de tu puño. (A55)

D

desierto   Un medio ambiente donde llueve muy poco. En el desierto sólo viven algunos tipos de plantas y animales. (B10)

desperdicio   Es la basura que no se deposita en el cesto de basura. Las plantas y los animales pueden ser perjudicados por los desperdicios. (B40)

dinosaurio   Un animal que vivió hace millones de años. El Tyrannosaurus rex fue un dinosaurio. (C37)

dientes permanentes   El diente nuevo adulto que ocupa el lugar del primer diente. Las personas tienen 32 dientes permanentes. (A46)

E

energía   Algo que puede causar cambio y puede hacer trabajo. La luz y el calor son tipos de energía. (D6)

digerir   La descomposición del alimento en el cuerpo. Es más difícil digerir una manzana que un jugo de manzana. (A61)

energía solar   La luz y el calor del Sol. Los seres vivos de la Tierra son calentados por la energía solar. (D7)

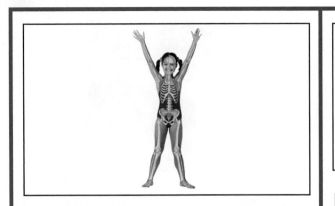

esqueleto   Los huesos del cuerpo que lo mantienen firme y le dan forma. (A50)

estómago   Una parte del cuerpo formada por músculos que comprime los alimentos y los mezcla con jugos especiales. (A63)

estación   Una época del año. Las cuatro estaciones del año son primavera, verano, otoño e invierno. (D12)

estrato   Un tipo de nube baja y gris que atraviesa el cielo. Los estratos producen la lluvia. (D48)

estanque   Un medio ambiente de agua dulce. Las nutrias, las tortugas y las ranas viven alrededor de los estanques. (B15)

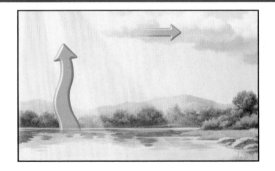

evaporar   Convertir en gas. El agua del charco se evaporará con el calor de Sol. (D42)

extinto   Que ya no vive. Los dinosaurios son extintos porque ya no existen. (C37)

G

gas   El único tipo de materia que llena siempre el espacio dentro de un envase. Los globos se llenan con un gas. (E21)

F

fósil   Lo que quedó de una planta o un animal que vivió hace mucho tiempo. Un fósil puede ser una huella de los huesos de un animal. (C27)

germinar   Empezar a crecer. Una semilla podría germinar si ésta obtiene agua y calor. (A10)

fuerza   El empujar o jalar hace que las cosas se muevan. El magnetismo es un tipo de fuerza. (F5)

gravedad   Una fuerza que atrae las cosas hacia el centro de la Tierra. La gravedad de la Tierra es más fuerte que la de la Luna. (F9)

H

hábitat   Un lugar donde un animal encuentra las cosas que necesita para vivir. En este hábitat este animal encuentra agua. (B6)

irreversible   Que no se puede regresar a su estado natural. Un huevo cocinado es un cambio irreversible. (E48)

I

insecto   Un animal que tiene un cuerpo de tres partes y seis patas. Las hormigas y las abejas son un tipo de insecto cada una. (A28)

L

líquido   Una forma de materia que no tiene forma propia. El agua, la leche, el jugo y la gasolina son cada uno un líquido. (E15)

intensidad
Lo alto o bajo que está un sonido. La intensidad de un sonido depende de la cantidad de energía usada para hacer el sonido. (F30)

Luna   El objeto más grande que puedes ver en las noches. La Luna dura casi un mes en orbitar la Tierra. (D17)

R32

luz de la Luna   La luz del Sol que rebota contra la Luna se llama luz de la Luna. (D17)

materia   Es de lo que están hechas todas las cosas. Las personas, la ropa, el aire y el agua están hechos de materia. (E5)

M

mamífero   Un animal que tiene pelaje o pelo. La madre produce leche para alimentar a sus crías. Un gato es un mamífero. (A26)

medio ambiente   Todos los seres vivos y no vivos de un lugar. Un bosque es un medio ambiente terrestre. (B5)

masa   La cantidad de materia que tiene un objeto. Usa una balanza para ver qué cantidad de masa tiene un objeto. (E7)

mezcla   Algo hecho de dos o más cosas que no cambian. Un taco relleno es una mezcla. (E36)

mililitro Una unidad que se usa para medir el volumen de un líquido. Algunas tazas de medir miden en mililitros. (E19)

músculos Las partes del cuerpo que mueven los huesos y realizan otros trabajos. Tus músculos trabajan en parejas. (A51)

mineral Un tipo de ser no vivo que se encuentra en la naturaleza. El cobre y el hierro son minerales. (C18)

música Una combinación de sonidos que le gusta a las personas. Puedes usar un instrumento para hacer música. (F39)

movimiento La acción de mover. Las personas, los animales y las cosas están en movimiento cuando se desplazan. (F11)

N

no vivos Que no tienen vida. El aire, el agua y las rocas son seres no vivos. (A5)

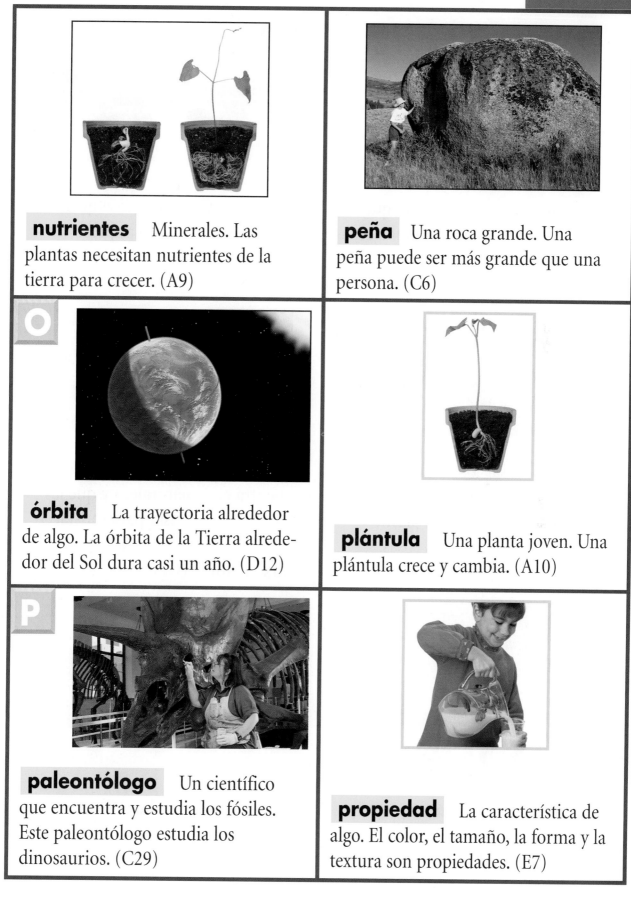

nutrientes Minerales. Las plantas necesitan nutrientes de la tierra para crecer. (A9)

peña Una roca grande. Una peña puede ser más grande que una persona. (C6)

O

órbita La trayectoria alrededor de algo. La órbita de la Tierra alrededor del Sol dura casi un año. (D12)

plántula Una planta joven. Una plántula crece y cambia. (A10)

P

paleontólogo Un científico que encuentra y estudia los fósiles. Este paleontólogo estudia los dinosaurios. (C29)

propiedad La característica de algo. El color, el tamaño, la forma y la textura son propiedades. (E7)

pulmones Las partes del cuerpo que te ayudan a respirar el aire que necesitas para vivir. Cuando inhalas, el aire se moviliza en tus pulmones. (A55)

recurso Cualquier cosa que las personas pueden usar. Las personas usan los recursos como alimentos y refugio. (C7)

R

reciclar Usar los materiales viejos para hacer unos nuevos. Tú puedes reciclar el metal, el plástico y el papel para hacer otras cosas. (B47)

recurso natural Algo que se encuentra en la naturaleza y que las personas pueden usar para satisfacer sus necesidades. Las rocas son un recurso natural. (C7)

reconstruir Volver a construir. Los científicos tratan de reconstruir los esqueletos de los dinosaurios. (C34)

reptil Un animal que tiene una piel seca y áspera. Las serpientes y las lagartijas son un tipo de reptil. (A27)

reversible   Que se puede cambiar. El agua congelada en forma de hielo es reversible. (E43)

rotación   La vuelta de la Tierra. Una rotación completa de la Tierra dura 24 horas. (D8)

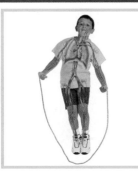

ritmo cardíaco   Lo rápido o lento que late un corazón. El ejercicio hace que el ritmo cardíaco sea más rápido. (A56)

S

saliva   El líquido en tu boca que comienza a descomponer los alimentos. El alimento se mezcla con la saliva cuando tú masticas. (A62)

roca   Un ser no vivo duro que proviene de la Tierra. Las personas usan las rocas para construir carreteras y edificios. (C5).

sequía   Un tiempo muy largo sin lluvia. Muchas plantas se mueren durante una sequía. (B34)

Sol La estrella más cercana a la Tierra. El Sol es mucho más grande de lo que se ve desde la Tierra. (D6)

sonido La energía que oyes. Un sonido puede ser fuerte o suave. (F23)

sólido El único tipo de materia que tiene forma propia. Los libros, los muebles y los carros son sólidos. (E9)

suelo La primera capa de la superficie de la Tierra. Las personas usan el suelo o la tierra para sembrar alimentos. (C5)

sonar Una manera de usar los sonidos para ubicar objetos debajo del agua. Los delfines usan un sonar natural al escuchar los ecos. (F36)

T

tegumento Una cubierta que protege una semilla. El tegumento es una parte de la semilla. (A10)

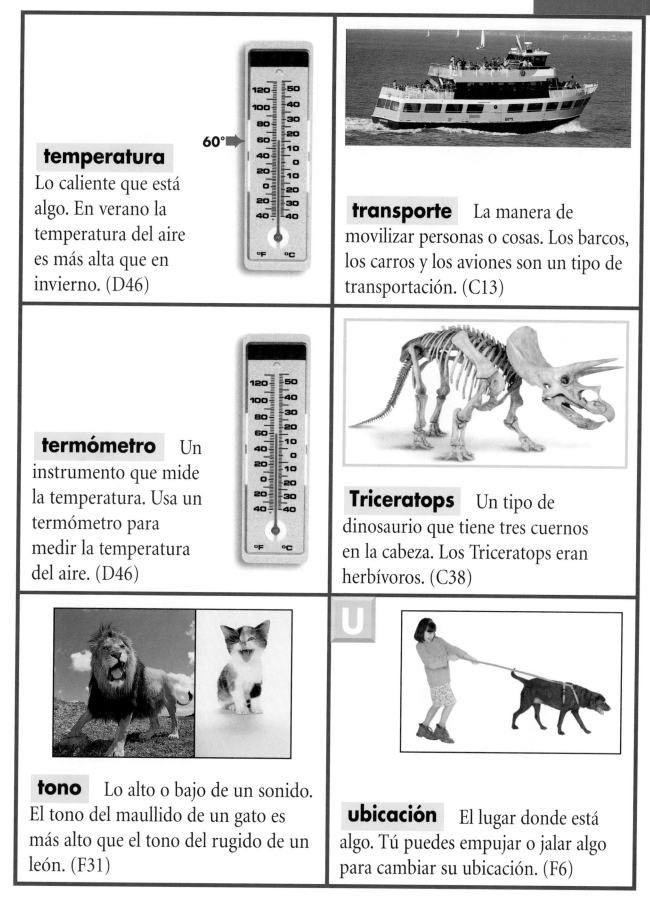

temperatura
Lo caliente que está algo. En verano la temperatura del aire es más alta que en invierno. (D46)

60°

transporte La manera de movilizar personas o cosas. Los barcos, los carros y los aviones son un tipo de transportación. (C13)

termómetro Un instrumento que mide la temperatura. Usa un termómetro para medir la temperatura del aire. (D46)

Triceratops Un tipo de dinosaurio que tiene tres cuernos en la cabeza. Los Triceratops eran herbívoros. (C38)

U

tono Lo alto o bajo de un sonido. El tono del maullido de un gato es más alto que el tono del rugido de un león. (F31)

ubicación El lugar donde está algo. Tú puedes empujar o jalar algo para cambiar su ubicación. (F6)

vapor de agua   El agua que se convirtió en gas. Cuando el agua se calienta suficientemente, se convierte en vapor de agua. (D42)

vivos   Que crecen y cambian. Las plantas y los animales son seres vivos porque necesitan alimento, agua y aire. (A5)

vibrar   Movimiento muy rápido de un lado a otro. Las cuerdas de una guitarra vibran cuando las punteas. (F23)

volver a usar
Usar nuevamente. Puedes volver a usar una botella de agua como un florero. (B47)

viento   La fuerza del viento en movimiento. El viento puede mover los veleros, las cometas, los molinillos y las veletas. (F8)